|중급|

친절한 한국어 4

FRIENDLY KOREAN

부산대학교 언어교육원 지음
The Language Education Institute of the Pusan National University

PNU Press

Friendly Korean 4 (3rd edition)

The Language Education Institute of the Pusan National University
Telephone : +82-51-510-1984
Fax : +82-51-514-3944
E-mail : foreign@pusan.ac.kr
http://international.pusan.ac.kr

Published by PNU press Publishing Co.
2, Busandaehak-ro 63 beon-gil(Jangjeon-dong), Geumjeong-gu, Busan 46241, Korea
Telephone : +82-51-510-1932
Fax : +82-51-512-7812
E-mail : pnupress@hanmail.net
http://press.pusan.ac.kr

3rd edition published 2018
Printed in Korea

ISBN : 978-89-7316-601-5 14710
ISBN : 978-89-7316-600-8 SET

Contents

목차

친절한 한국어 4

책을 펴내면서

1960년대부터 시작된 외국어로서의 한국어 교육은 학습 목적에 맞는 다양한 교재의 개발과 체계적인 한국어 교수법의 연구 등 내실 있는 발전을 위한 노력이 계속되고 있다. 이후 계속된 연구를 통해 현재는 외국어 학습의 목적이 이해에서 그치는 것이 아닌 기능을 중심으로 한 사용으로 확대되어야 한다는 인식이 자리를 잡아가고 있다.

〈친절한 한국어〉는 이러한 한국어 교육의 흐름에 부합하고자 2007년 초급 교재의 개발에 착수한 이래 몇 번의 개정을 거쳐 이번에 전면 개편에 이르게 되었다. 국내외 한국어 교육 환경의 변화나 학습자 성향, 학습 목적 등의 변인이 생기면서 그에 맞는 전면 개편의 필요성이 대두했기 때문이다.

〈친절한 한국어〉는 듣기, 읽기, 말하기, 쓰기의 통합 교재로 주제나 기능 면에서 초급에서 중·고급까지 연계되도록 구성되었다. 각 급에서 필요한 언어적 기능 및 통합 교재로서의 기능을 수행하도록 하면서 특히 말하기 능력을 강화할 수 있도록 구성하였다. 이를 위해 문법 인지를 위한 지문을 모두 상황과 맥락이 있는 대화문으로 구성하고 문법 내용 인지와 간단한 연습 후 〈말해 봅시다〉를 통해 문법을 내재화할 수 있는 활동으로 구성하였다.

듣기나 읽기도 다양한 주제와 상황을 가미하여 실생활에서 활용할 수 있도록 하였고 후 활동으로 말하기 활동을 연계하도록 구성하였다. 급수에 따라 개인적인 주제와 사회적인 주제의 비율을 적절히 조정하였고 주제에 맞게 뉴스나 책, 방송 매체 등 다양한 매체를 활용하였다. 또한 듣기나 읽기에서 충분히 다룬 주제를 쓰기로 연계하면서 필요에 따라 글의 종류에 맞게 구성하는 글쓰기 방법도 제시하였다.

중급부터는 〈속담〉, 〈관용어와 의태어〉 등의 문화 항목을 추가하여 한국어와 더불어 한국의 문화를 이해할 수 있도록 구성하였고 내용에 맞는 삽화를 추가하여 한국어 및 한국 문화 학습에 재미를 더하였다. 이러한 항목들을 통해 한국어뿐만 아니라 한국에 대한 깊이 있는 이해와 한국 문화에 대한 소양도 갖출 수 있도록 하였다.

이번 〈친절한 한국어〉 개편은 많은 분들의 노고와 정성이 있었기에 가능한 일이었다. 연일 사상 최대라는 무더위에 휴일도 반납하고 집필에 힘을 쏟아 주신 교재개발팀 선생님들과 꼼꼼하게 검수해 주신 언어교육원 선생님들, 그리고 책이 발간되기까지 아낌없이 지원해 주신 행정실 직원분들, 그 밖에 출판부 담당자분들을 비롯한 많은 분들에게 감사의 말씀을 전하고 싶다.

아울러 많은 이들의 땀과 정성의 결실인 〈친절한 한국어〉가 한국어와 한국 문화를 배우려는 국내외의 많은 외국인 학습자들의 한국어 학습에 큰 도움이 되기를 바란다.

2018년 11월

부산대학교 언어교육원

원장 이문석

• 단원표지

단원 제목 : 단원의 주제 및 문법을 노출하여 각 과의 학습 내용을 추측할 수 있도록 하였다.

삽화 : 학습자들의 흥미와 동기를 유발할 수 있도록 구성하여 단원의 내용을 알 수 있게 하였다.

학습 목표 : 문법 항목 및 각 영역의 소제목을 제시하여 각 단원에서 배워야 할 것이 무엇인지 분명히 알고 학습의 방향을 세울 수 있도록 하였다.

1과 아주 활기가 넘치는 도시예요.

학습목표

| 대화 유학할 만한 도시
| 읽고 말하기 한국의 도시
| 듣기 해외여행에 대한 뉴스
| 읽기 세계의 도시
| 쓰기 소개하고 싶은 도시
| 문법과 표현1 -(으)ㄹ 만하다
| 문법과 표현2 -(으)려거든
| 관용어과 의태어
귀에 못이 박히다
갈팡질팡 / 고래고래

• 대화

대화 지문 : 목표 문법과 어휘를 포함한 모범 대화문을 통해 학습 목표와 관련된 여러 의사소통 상황을 학습하도록 하였다.

이야기해 봅시다 : 〈대화〉에서와 유사한 상황이나 맥락을 제시하여 스스로 대화를 구성할 수 있도록 하였다.

그리고 각 영역마다 〈단어장〉을 제시하여 새로운 어휘를 학습할 수 있도록 하였다. 그리고 〈단어 색인〉을 제시하여 학습한 어휘를 쉽게 찾아 볼 수 있게 하였다. 학습 주제에 따라 반드시 필요한 어휘는 사용 빈도가 낮더라도 포함시켰다.

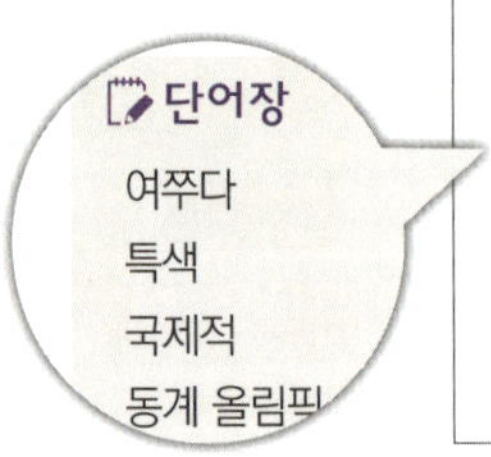

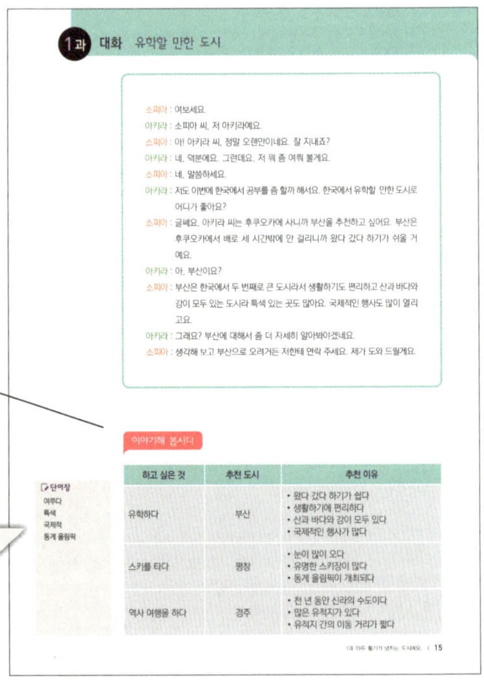
1과 대화 유학할 만한 도시

소피아 : 여보세요.
아키라 : 소피아 씨, 저 아키라예요.
소피아 : 아! 아키라 씨, 정말 오랜만이네요. 잘 지내죠?
아키라 : 네, 덕분에요. 그런데요, 저 뭐 좀 여쭤 볼게요.
소피아 : 네, 말씀하세요.
아키라 : 저도 이번에 한국에서 공부를 좀 할까 해서요. 한국에서 유학할 만한 도시로 어디가 좋아요?
소피아 : 글쎄요. 아키라 씨는 후쿠오카에 사니까 부산을 추천하고 싶어요. 부산은 후쿠오카에서 배로 세 시간밖에 안 걸리니까 왔다 갔다 하기가 쉬울 거예요.
아키라 : 아, 부산이요?
소피아 : 부산은 한국에서 두 번째로 큰 도시라서 생활하기도 편리하고 산과 바다와 강이 모두 있는 도시라 특색 있는 곳도 많아요. 국제적인 행사도 많이 열리고요.
아키라 : 그래요? 부산에 대해서 좀 더 자세히 알아봐야겠네요.
소피아 : 생각해 보고 부산으로 오려거든 저한테 연락 주세요. 제가 도와 드릴게요.

이야기해 봅시다

하고 싶은 것	추천 도시	추천 이유
유학하다	부산	• 왔다 갔다 하기가 쉽다 • 생활하기에 편리하다 • 산과 바다와 강이 모두 있다 • 국제적인 행사가 많다
스키를 타다	평창	• 눈이 많이 오다 • 유명한 스키장이 많다 • 동계 올림픽이 개최되다
역사 여행을 하다	경주	• 천 년 동안 신라의 수도이다 • 많은 유적지가 있다 • 유적지 간의 이동 거리가 짧다

단어장
여쭈다
특색
국제적
동계 올림픽

1과 아주 활기가 넘치는 도시예요. | 15

• 문법과 표현 1, 2, 3

문법 설명 : 문법을 학습하기 전에 학습자가 문법의 쓰임과 의미를 이해할 수 있도록 간단히 제시하였다.

예문 : 실제 상황을 반영한 예문을 통해 목표 문법이 언제, 어떻게 사용되는지를 알 수 있게 하였다.

연습 : 대화형 연습 문제를 통해 문법의 활용도를 높여 학습자가 이해했는지를 확인할 수 있도록 하였다.

말해 봅시다 : 제시된 대화 틀을 활용하여 대화를 구성하거나 목표 문법을 사용하여 주제에 맞는 질문과 대답을 할 수 있게 하였다. 이러한 활동을 통해 단순 교체 연습에 끝나지 않고 스스로 대화문을 구성하면서 담화에 대한 이해력을 기를 수 있다.

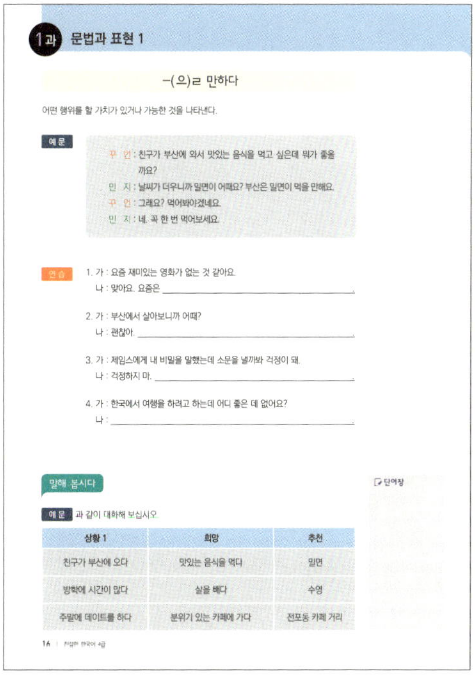

1과 문법과 표현 1

–(으)ㄹ 만하다

어떤 행위를 할 가치가 있거나 가능한 것을 나타낸다.

예문
꾸 언 : 친구가 부산에 와서 맛있는 음식을 먹고 싶은데 뭐가 좋을까요?
민 지 : 날씨가 더우니까 밀면이 어때요? 부산은 밀면이 먹을 만해요.
꾸 언 : 그래요? 먹어봐야겠네요.
민 지 : 네. 꼭 한 번 먹어보세요.

연습
1. 가 : 요즘 재미있는 영화가 없는 것 같아요.
나 : 맞아요. 요즘은 ______________.
2. 가 : 부산에서 살아보니까 어때?
나 : 괜찮아. ______________.
3. 가 : 제임스에게 내 비밀을 말했는데 소문을 낼까봐 걱정이 돼.
나 : 걱정하지 마. ______________.
4. 가 : 한국에서 여행을 하려고 하는데 어디 좋은 데 없어요?
나 : ______________.

말해 봅시다

예문 과 같이 대화해 보십시오.

상황 1	희망	추천
친구가 부산에 오다	맛있는 음식을 먹다	밀면
방학에 시간이 많다	살을 빼다	수영
주말에 데이트를 하다	분위기 있는 카페에 가다	전포동 카페 거리

단어장

16 | 친절한 한국어 4급

• 읽고 말하기

읽기 지문 : 다양한 유형의 글을 읽기 자료로 제시하여 내용과 관련된 정보를 얻고 어휘나 표현을 확장할 수 있게 하였다.

이야기해 봅시다 : 학습자가 읽기 지문 내용을 바탕으로 자유롭게 자신의 생각을 이야기할 수 있도록 하였다.

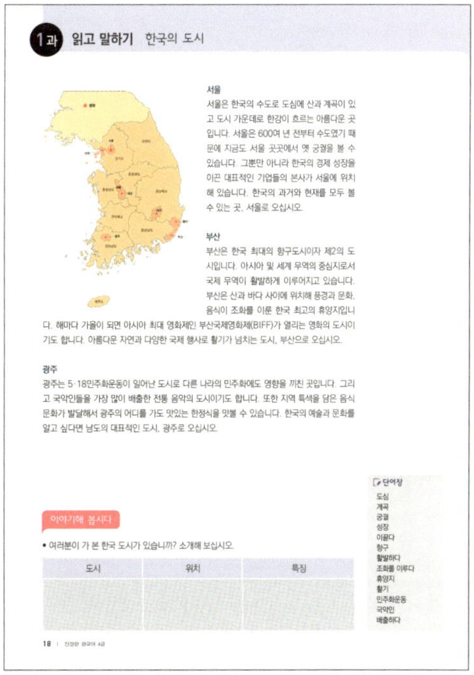

1과 읽고 말하기 한국의 도시

서울
서울은 한국의 수도로 도심에 산과 계곡이 있고 도시 가운데로 한강이 흐르는 아름다운 곳입니다. 서울은 600여 년 전부터 수도였기 때문에 지금도 서울 곳곳에서 옛 궁궐을 볼 수 있습니다. 그뿐만 아니라 한국의 경제 성장을 이끈 대표적인 기업들의 본사가 서울에 위치해 있습니다. 한국의 과거와 현재를 모두 볼 수 있는 곳, 서울로 오십시오.

부산
부산은 한국 최대의 항구도시이자 제2의 도시입니다. 아시아 및 세계 무역의 중심지로서 국제 무역이 활발하게 이루어지고 있습니다. 부산은 산과 바다 사이에 위치해 풍경과 문화, 음식이 조화를 이룬 한국 최고의 휴양지입니다. 해마다 가을이 되면 아시아 최대 영화제인 부산국제영화제(BIFF)가 열리는 영화의 도시이기도 합니다. 아름다운 자연과 다양한 국제 행사로 활기가 넘치는 도시, 부산으로 오십시오.

광주
광주는 5·18민주화운동이 일어난 도시로 다른 나라의 민주화에도 영향을 끼친 곳입니다. 그리고 국악인들을 가장 많이 배출한 전통 음악의 도시이기도 합니다. 또한 지역 특색을 담은 음식 문화가 발달해서 광주의 어디를 가도 맛있는 한정식을 맛볼 수 있습니다. 한국의 예술과 문화를 알고 싶다면 남도의 대표적인 도시, 광주로 오십시오.

이야기해 봅시다

• 여러분이 가 본 한국 도시가 있습니까? 소개해 보십시오.

도시	위치	특징

단어장
도심
계곡
궁궐
성장
이끌다
항구
활발하다
조화를 이루다
휴양지
활기
민주화운동
국악인
배출하다

18 | 친절한 한국어 4급

• 듣기

삽화 및 사진 : 듣기 전 단계로 주제와 관련된 정보를 이야기하면서 들을 내용을 예측하고 주제에 대한 배경 지식을 활성화할 수 있게 하였다.

듣기 문제 : 듣기 단계에서 들은 내용을 이해하였는지 확인하는 문제를 제시하였다.

이야기해 봅시다 : 들은 후 단계로 들은 내용과 관련된 주제에 대해 자신의 경험이나 생각을 자유롭게 이야기해 보도록 하였다.

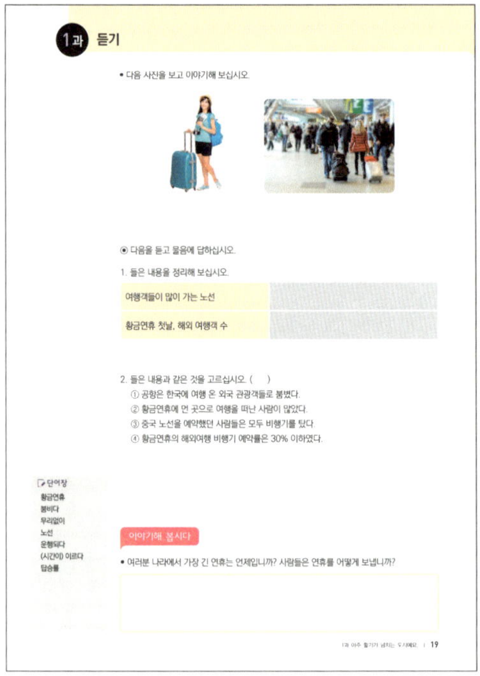
1과 듣기

• 다음 사진을 보고 이야기해 보십시오.

◉ 다음을 듣고 물음에 답하십시오.

1. 들은 내용을 정리해 보십시오.

여행객들이 많이 가는 노선	
황금연휴 첫날, 해외 여행객 수	

2. 들은 내용과 같은 것을 고르십시오. ( )
① 공항은 한국에 여행 온 외국 관광객들로 붐볐다.
② 황금연휴에 먼 곳으로 여행을 떠난 사람이 많았다.
③ 중국 노선을 예약했던 사람들은 모두 비행기를 탔다.
④ 황금연휴의 해외여행 비행기 예약률은 30% 이하였다.

단어장
황금연휴
붐비다
무리없이
노선
운행되다
(시간이) 이르다
탑승률

이야기해 봅시다
• 여러분 나라에서 가장 긴 연휴는 언제입니까? 사람들은 연휴를 어떻게 보냅니까?

• 읽기

삽화 및 사진 : 읽기 전 단계로 주제와 관련된 정보를 이야기하면서 읽을 내용을 예측하고 주제에 대한 배경 지식을 활성화할 수 있게 하였다.

읽기 지문 : 다양한 유형의 글을 읽기 자료로 제시하여 내용과 관련된 정보를 얻고 어휘나 표현을 확장할 수 있게 하였다.

읽기 문제 : 읽은 내용을 문단별로 정리한 후 내용을 이해하였는지 확인하는 문제를 제시하였다.

이야기해 봅시다 : 읽은 후 단계로 읽은 내용과 관련된 주제에 대해 자신의 경험이나 생각을 자유롭게 이야기해 보도록 하였다.

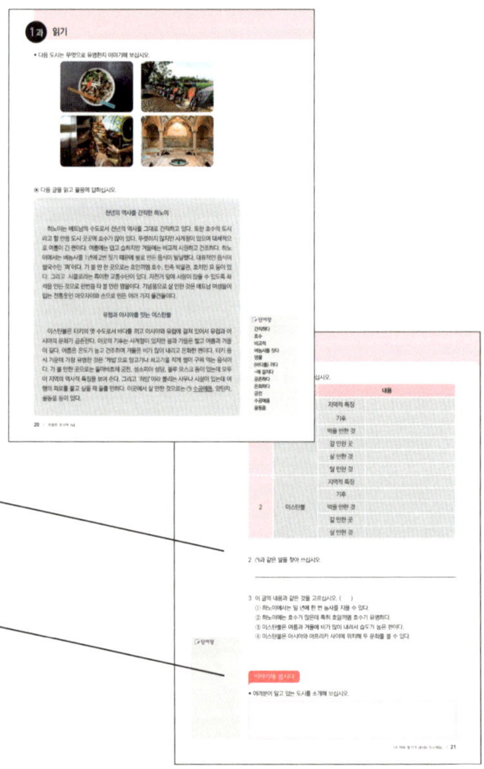

• 쓰기

개요 쓰기 : 각 단원과 관련된 주제를 선정하였다. 글을 쓰기 전에 개요를 작성하여 글쓰기를 준비할 수 있게 하였다.

원고지 쓰기 : 개요를 바탕으로 다양한 주제의 글을 써 보는 연습을 하게 하였다.

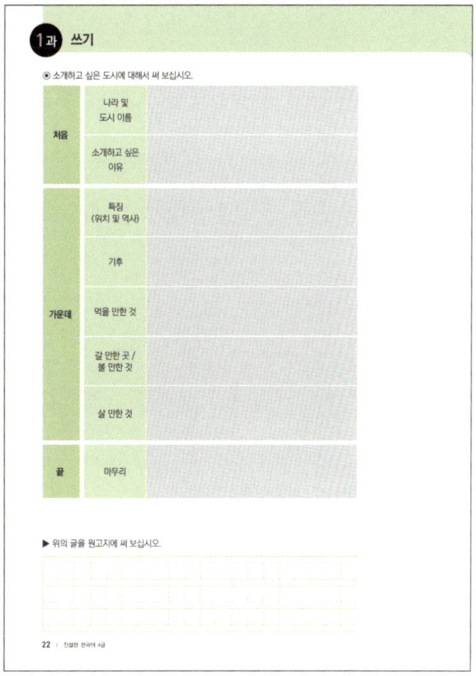

1과 쓰기

◉ 소개하고 싶은 도시에 대해서 써 보십시오.

처음	나라 및 도시 이름	
	소개하고 싶은 이유	
가운데	특징 (위치 및 역사)	
	기후	
	먹을 만한 것	
	갈 만한 곳 / 볼 만한 것	
	살 만한 것	
끝	마무리	

▶ 위의 글을 원고지에 써 보십시오.

22

• 관용어와 의태어

관용어 : 삽화로 해당 관용어의 의미를 쉽게 이해할 수 있도록 하였고 실제 상황에서 언제, 어떻게 사용되는지 대화를 통해 제시하였다.

의태어 : 각 과마다 두 개의 의태어를 제시하였고 대화문을 통해 두 개의 의태어가 실제 상황에서 언제, 어떻게 사용되는지 이해할 수 있도록 하였다.

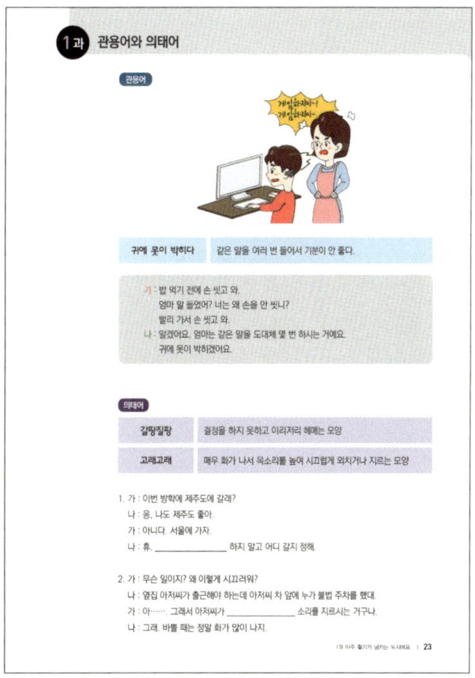

1과 관용어와 의태어

관용어

귀에 못이 박히다	같은 말을 여러 번 들어서 기분이 안 좋다.

가 : 밥 먹기 전에 손 씻고 와.
엄마 말 들었어? 너는 왜 손을 안 씻니?
빨리 가서 손 씻고 와.
나 : 알겠어요. 엄마는 같은 말을 도대체 몇 번 하시는 거예요.
귀에 못이 박히겠어요.

의태어

갈팡질팡	결정을 하지 못하고 이리저리 헤매는 모양
고래고래	매우 화가 나서 목소리를 높여 시끄럽게 외치거나 지르는 모양

1. 가 : 이번 방학에 제주도에 갈래?
나 : 응, 나도 제주도 좋아.
가 : 아니다. 서울에 가자.
나 : 휴. ________ 하지 말고 어디 갈지 정해.

2. 가 : 무슨 일이지? 왜 이렇게 시끄러워?
나 : 옆집 아저씨가 출근해야 하는데 아저씨 차 앞에 누가 불법 주차를 했대.
가 : 아…… 그래서 아저씨가 ________ 소리를 지르시는 거구나.
나 : 그래. 바쁠 때는 정말 화가 많이 나지.

23

단원	제목	대화	문법과 표현	읽고 말하기
1	아주 활기가 넘치는 도시예요.	유학할 만한 도시	-(으)ㄹ 만하다 -(으)려거든	한국의 도시
2	장수촌에는 특별한 것이 있다.	장수 비법	-에 비해(서) -기 십상이다	건강한 생활 양식
3	잘 쉬어야 일도 잘 하죠.	휴식의 가치	-든(지) -느니	여가 활동
4	어떤 옷을 입고 가야 할지 몰라서요.	결혼식 옷차림	-(으)ㄹ 겸(하다) -(으)ㄴ 채(로)	쿨비즈 패션
5	우리 인생에 변화를 주는 것은?	오랜만에 만난 친구	-기에 -는 한	나에게 영향을 준 책
6	휴대전화를 잃어버렸어요.	분실 신고하기	-는 바람에 -곤 하다	모바일 미아 찾기
7	당신은 어떻게 생각하세요?	금연 구역 확대	-더니 (1) 토론 표현	공동생활의 규칙
8	제 부탁 좀 들어주실래요?	부탁과 거절	-더니 (2) -는데도	적절하게 거절하기
9	입장 바꿔 생각해 봐.	소통하기	-기 마련이다 -(으)ㄹ 수밖에 없다	인간관계
10	외국어 공부, 어떻게 하고 계세요?	한국어 학습 방법	-(으)ㅁ -기	한국어 학습 동기
11	취업 준비를 어떻게 해야 하죠?	취업 정보 구하기	-(이)야말로 -는 셈이다	블라인드 채용
12	어떤 축제가 유명해요?	독일 맥주 축제	-는 김에 치고	세계의 유명한 축제
13	이러다 지구가 쓰레기장이 되겠어요.	환경 오염	-던데 -(으)ㄹ지라도	쓰레기 줄이는 방법
14	투표하러 나가려던 참이에요.	대표 추천	-는 법이다 -(으)려던 참이다	시장 선택 기준
15	운을 믿으세요?	운 좋은 경험	-나 보다 마저	머피의 법칙

듣기	읽기	쓰기	관용어와 의태어
해외여행에 대한 뉴스	세계의 도시	소개하고 싶은 도시	관용어 귀에 못이 박히다 의태어 갈팡질팡 / 고래고래
정크푸드 광고	건강식품, 토마토	소개하고 싶은 건강식품	관용어 한솥밥을 먹다 의태어 근질근질 / 글썽글썽
래프팅	다양한 휴가제	선호하는 여가생활	관용어 깨가 쏟아지다 의태어 듬성듬성 / 꼬박꼬박
강의실 옷차림 제한	여행 시 옷차림 예절	상황에 맞는 옷차림	관용어 파김치가 되다 의태어 꼬치꼬치 / 끄덕끄덕
바이올린 연주자	장기려 박사	인생에 변화를 준 일	관용어 바가지를 쓰다 의태어 느릿느릿 / 두근두근
디지털 치매 증후군	지하철 유실물 찾기	디지털 시대	관용어 시치미를 떼다 의태어 뒹굴뒹굴 / 들락날락
사형제도	동물 실험에 대한 입장	동물 실험	관용어 가시방석에 앉다 의태어 깜박깜박 / 또박또박
불편 및 불만 사항	화장실 문화	건의하기	관용어 한 우물을 파다 의태어 벌컥벌컥 / 불쑥불쑥
칼퇴근	님비 현상	님비 현상	관용어 파리만 날리다 의태어 비틀비틀 / 살금살금
외국어 학습 비법	외국어 학습 시기	외국어 조기 교육	관용어 불똥이 튀다 의태어 소곤소곤 / 싱글벙글
면접 보기	직업의 의미	직업 선택 시 고려 사항	관용어 입에 거미줄을 치다 의태어 아슬아슬 / 안절부절
스페인 토마토 축제	지역 축제	소개하고 싶은 축제	관용어 울며 겨자 먹기 의태어 후들후들 / 우왕좌왕
갯벌의 역할	지구 온난화	지구 온난화	관용어 한눈팔다 의태어 조마조마 / 중얼중얼
대통령의 자질	여성의 참정권	투표율에 대한 비교 · 분석	관용어 눈에 흙이 들어가다 의태어 차곡차곡 / 토닥토닥
네 잎 클로버의 상징	운 좋은 사나이	운과 노력	관용어 삼천포로 빠지다 의태어 티격태격 / 허겁지겁

친절한 한국어 4 주요인물 소개

민 지
한국 / 대학생

동 우
한국 / 대학생

왕 붕
중국 / 대학생

송 영
중국 / 대학생

소피아
가나 / 대학생

꾸 언
베트남 / 대학생

제임스
캐나다 / 회사원

안 나
러시아 / 회사원

기무라
일본 / 대학원생

1과 아주 활기가 넘치는 도시예요.

자갈치 시장

부산 국제영화제

북극곰 수영대회

사직 야구장

학습목표

| **대화** 유학할 만한 도시
| **읽고 말하기** 한국의 도시

| **듣기** 해외여행에 대한 뉴스
| **읽기** 세계의 도시
| **쓰기** 소개하고 싶은 도시

| **문법과 표현1** -(으)ㄹ 만하다
| **문법과 표현2** -(으)려거든

| **관용어와 의태어**
귀에 못이 박히다
갈팡질팡 / 고래고래

1과 대화 유학할 만한 도시

01

소피아 : 여보세요.

아키라 : 소피아 씨, 저 아키라예요.

소피아 : 아! 아키라 씨, 정말 오랜만이네요. 잘 지내죠?

아키라 : 네, 덕분에요. 그런데요, 저 뭐 좀 여쭤 볼게요.

소피아 : 네, 말씀하세요.

아키라 : 저도 이번에 한국에서 공부를 좀 할까 해서요. 한국에서 유학할 만한 도시로 어디가 좋아요?

소피아 : 글쎄요, 아키라 씨는 후쿠오카에 사니까 부산을 추천하고 싶어요. 부산은 후쿠오카에서 배로 세 시간밖에 안 걸리니까 왔다 갔다 하기가 쉬울 거예요.

아키라 : 아, 부산이요?

소피아 : 부산은 한국에서 두 번째로 큰 도시라서 생활하기도 편리하고 산과 바다와 강이 모두 있는 도시라 특색 있는 곳도 많아요. 국제적인 행사도 많이 열리고요.

아키라 : 그래요? 부산에 대해서 좀 더 자세히 알아봐야겠네요.

소피아 : 생각해 보고 부산으로 오려거든 저한테 연락 주세요. 제가 도와 드릴게요.

이야기해 봅시다

- 다음의 내용으로 위의 **대화**처럼 친구와 대화해 보십시오.

하고 싶은 것	추천 도시	추천 이유
유학하다	부산	• 왔다 갔다 하기가 쉽다 • 생활하기에 편리하다 • 산과 바다와 강이 모두 있다 • 국제적인 행사가 많나
스키를 타다	평창	• 눈이 많이 오다 • 유명한 스키장이 많다 • 동계 올림픽이 개최되다
역사 여행을 하다	경주	• 천 년 동안 신라의 수도이다 • 많은 유적지가 있다 • 유적지 간의 이동 거리가 짧다

단어장
여쭈다
특색
국제적
동계 올림픽

문법과 표현 1

-(으)ㄹ 만하다

어떤 행위를 할 가치가 있거나 가능하다는 것을 나타낸다.

예 문

꾸 언 : 친구가 부산에 와요. 같이 맛있는 음식을 먹고 싶은데 뭐가 좋을까요?
민 지 : 날씨가 더우니까 밀면이 어때요? 부산은 밀면이 먹을 만해요.
꾸 언 : 그래요? 먹어 봐야겠네요.
민 지 : 네. 꼭 한번 먹어 보세요.

연 습

1. 가 : 요즘 재미있는 영화가 없는 것 같아요.
   나 : 맞아요. 요즘은 ______________________
2. 가 : 부산에서 살아보니까 어때?
   나 : 괜찮아. ______________________
3. 가 : 제임스에게 내 비밀을 말했는데 소문을 낼까 봐 걱정이 돼.
   나 : 걱정하지 마. ______________________
4. 가 : 한국에서 여행을 하려고 하는데 어디 좋은 데 없어요?
   나 : ______________________

말해 봅시다

예 문 과 같이 대화해 보십시오.

상황	희망	추천
친구가 부산에 오다	맛있는 음식을 먹다	밀면
주말에 데이트를 하다	분위기 있는 카페에 가다	전포동 카페 거리
한국 문화에 관심이 많다	한국 전통 문화를 체험하다	도자기 만들기

단어장

–(으)려거든

누군가가 어떤 일을 하려는 의도가 있다고 가정할 때 사용하고, 그 일을 위해 필요한 조건이나 제안이 이어진다. '-(으)려고 하거든'을 줄인 표현이다.

예문

제임스 : 건강이 너무 나빠진 것 같아요. 건강을 유지하고 싶은데…….
안 나 : 규칙적인 생활을 하는 게 어때요?
제임스 : 알고 있는데 시작이 쉽지 않아요.
안 나 : 건강을 유지하려거든 당장 잠자는 시간부터 정하세요.

연습

1. 가 : 서울 패션쇼에 참석하고 싶은데 가능한가요?
   나 : 패션쇼에 ____________________
2. 가 : 전자 제품을 싸게 살 만한 데가 있나요?
   나 : 전자 제품을 ____________________
3. 가 : 건강한 치아를 어떻게 유지할 수 있나요?
   나 : 건강한 치아를 ____________________
4. 가 : 사회 경험을 쌓고 싶어요.
   나 : 사회 경험을 ____________________

단어장
당장
적금을 넣다

말해 봅시다

예문 과 같이 대화해 보십시오.

바람	해결방법	권유
건강을 유지하다	규칙적인 생활을 하다	당장 잠자는 시간부터 정하다
여러 나라의 요리를 배우다	요리학원에 등록하다	우선 요리학원에 문의하다
돈을 모으다	적금을 넣다	먼저 통장을 만들다

서울

02

서울은 한국의 수도로 도심에 산과 계곡이 있고 도시 가운데로 한강이 흐르는 아름다운 곳입니다. 서울은 600여 년 전부터 수도였기 때문에 지금도 서울 곳곳에서 옛 궁궐을 볼 수 있습니다. 그뿐만 아니라 한국의 경제 성장을 이끈 대표적인 기업들의 본사가 서울에 위치해 있습니다. 한국의 과거와 현재를 모두 볼 수 있는 곳, 서울로 오십시오.

부산

부산은 한국 최대의 항구도시이자 제2의 도시입니다. 아시아 및 세계 무역의 중심지로서 국제 무역이 활발하게 이루어지고 있습니다. 부산은 산과 바다 사이에 위치해 풍경과 문화, 음식이 조화를 이룬 한국 최고의 휴양지입니다. 해마다 가을이 되면 아시아 최대 영화제인 부산국제영화제(BIFF)가 열리는 영화의 도시이기도 합니다. 아름다운 자연과 다양한 국제 행사로 활기가 넘치는 도시, 부산으로 오십시오.

광주

광주는 5·18민주화운동이 일어난 도시로 다른 나라의 민주화에도 영향을 끼친 곳입니다. 그리고 국악인들을 가장 많이 배출한 전통 음악의 도시이기도 합니다. 또한 지역 특색을 담은 음식 문화가 발달해서 광주의 어디를 가도 맛있는 한정식을 맛볼 수 있습니다. 한국의 예술과 문화를 알고 싶다면 남도의 대표적인 도시, 광주로 오십시오.

이야기해 봅시다

- 여러분이 가 본 한국 도시가 있습니까? 소개해 보십시오.

도시	위치	특징

단어장

도심
계곡
궁궐
성장
이끌다
항구
활발하다
조화를 이루다
휴양지
활기
민주화운동
국악인
배출하다

1과 듣기

• 다음 사진을 보고 이야기해 보십시오.

03

◉ 다음을 듣고 물음에 답하십시오.

1. 들은 내용을 정리해 보십시오.

여행객들이 많이 가는 노선	
황금연휴 첫날, 해외 여행객 수	

2. 들은 내용과 같은 것을 고르십시오. (　　)
   ① 공항은 한국에 여행 온 외국 관광객들로 붐볐다.
   ② 황금연휴에 먼 곳으로 여행을 떠난 사람이 많았다.
   ③ 중국 노선을 예약했던 사람들은 모두 비행기를 탔다.
   ④ 황금연휴의 해외여행 비행기 예약률은 30% 이하였다.

단어장
황금연휴
붐비다
무리 없이
노선
운행되다
(시간이) 이르다
탑승률

이야기해 봅시다

• 여러분 나라에서 가장 긴 연휴는 언제입니까? 사람들은 연휴를 어떻게 보냅니까?

• 다음 도시는 무엇으로 유명한지 이야기해 보십시오.

◉ 다음 글을 읽고 물음에 답하십시오.

천년의 역사를 간직한 하노이

하노이는 베트남의 수도로서 천년의 역사를 그대로 간직하고 있다. 또한 호수의 도시라고 할 만큼 도시 곳곳에 호수가 많이 있다. 뚜렷하지는 않지만 사계절이 있으며 대체적으로 여름이 긴 편이다. 여름에는 덥고 습하지만 겨울에는 비교적 시원하고 건조하다. 하노이에서는 벼농사를 1년에 2번 짓기 때문에 쌀로 만든 음식이 발달했다. 대표적인 음식이 쌀국수인 '퍼'이다. 가 볼 만한 곳으로는 호안끼엠 호수, 민족 박물관, 호치민 묘 등이 있다. 그리고 시클로라는 특이한 교통수단이 있다. 자전거 앞에 사람이 앉을 수 있도록 좌석을 만든 것으로 한번쯤 타 볼 만한 명물이다. 기념품으로 살 만한 것은 베트남 여성들이 입는 전통 옷인 아오자이와 손으로 만든 여러 가지 물건들이다.

유럽과 아시아를 잇는 이스탄불

이스탄불은 터키의 옛 수도로서 바다를 끼고 아시아와 유럽에 걸쳐 있어서 유럽과 아시아의 문화가 공존한다. 이곳은 사계절이 있지만 봄과 가을은 짧고 여름과 겨울은 길다. 여름은 온도가 높고 건조하며 겨울은 비가 많이 내리고 온화한 편이다. 터키 음식 가운데 가장 유명한 것은 '케밥'으로 양고기나 쇠고기를 작게 썰어 구워 먹는 음식이다. 가 볼 만한 곳으로는 돌마바흐체 궁전, 성소피아 성당, 블루 모스크 등이 있는데 모두 이 지역의 역사적 특징을 보여 준다. 그리고 '하맘'이라 불리는 사우나 시설이 있는데 여행의 피로를 풀고 싶을 때 들를 만하다. 이곳에서 살 만한 것으로는 ㉠ 수공예품, 양탄자, 골동품 등이 있다.

단어장
- 간직하다
- 호수
- 비교적
- 벼농사를 짓다
- 명물
- (바다를) 끼다
- -에 걸치다
- 공존하다
- 온화하다
- 궁전
- 수공예품
- 골동품

1. 각 문단의 내용을 정리해 보십시오.

문단	소제목	내용	
1	하노이	지역적 특징	
		기후	
		먹을 만한 것	
		갈 만한 곳	
		탈 만한 것	
		살 만한 것	
2	이스탄불	지역적 특징	
		기후	
		먹을 만한 것	
		갈 만한 곳	
		살 만한 것	

2. ㉠과 같은 말을 이 글에서 찾아 쓰십시오.

____

3. 이 글의 내용과 같은 것을 고르십시오. (　　)

① 하노이에서는 일 년에 한 번 농사를 지을 수 있다.
② 하노이에는 호수가 많은데 특히 호안끼엠 호수가 유명하다.
③ 이스탄불은 여름과 겨울에 비가 많이 내려서 습도가 높은 편이다.
④ 이스탄불은 아시아와 아프리카 사이에 위치해 두 문화를 볼 수 있다.

단어장

이야기해 봅시다

- 여러분이 알고 있는 도시를 소개해 보십시오.

쓰기

◉ 소개하고 싶은 도시에 대해서 써 보십시오.

처음	나라 및 도시 이름	
	소개하고 싶은 이유	
가운데	특징 (위치 및 역사)	
	기후	
	먹을 만한 것	
	갈 만한 곳 / 볼 만한 것	
	살 만한 것	
끝	마무리	

▶ 위의 글을 원고지에 써 보십시오.

관용어와 의태어

관용어

귀에 못이 박히다	같은 말을 여러 번 들어서 기분이 안 좋다

가 : 밥 먹기 전에 손 씻고 와.
엄마 말 들었어? 너는 왜 손을 안 씻니?
빨리 가서 손 씻고 와.
나 : 알겠어요. 엄마는 같은 말을 도대체 몇 번 하시는 거예요.
귀에 못이 박히겠어요.

의태어

갈팡질팡	결정을 하지 못하고 이리저리 헤매는 모양
고래고래	매우 화가 나서 목소리를 높여 시끄럽게 외치거나 소리 지르는 모양

1. 가 : 이번 방학에 제주도에 갈래?
나 : 응, 나도 제주도 좋아.
가 : 아니다. 서울에 가자.
나 : 휴. ______________ 하지 말고 어디 갈지 정해.

2. 가 : 무슨 일이지? 왜 이렇게 시끄러워?
나 : 옆집 아저씨가 출근해야 하는데 아저씨 차 앞에 누가 불법 주차를 했대.
가 : 아, 그래서 아저씨가 ______________ 소리를 지르시는 거구나.
나 : 그래. 바쁠 때는 정말 화가 많이 나지.

2과 장수촌에는 특별한 것이 있다.

학습목표

| **대화** 장수 비법
| **읽고 말하기** 건강한 생활 양식

| **듣기** 정크푸드 광고
| **읽기** 건강식품, 토마토
| **쓰기** 소개하고 싶은 건강식품

| **문법과 표현1** –에 비해(서)
| **문법과 표현2** –기 십상이다

| **관용어와 의태어**
한솥밥을 먹다
근질근질 / 글썽글썽

대화 장수 비법

04

꾸 언 : 송영 씨, 어제 '장수촌에는 특별한 것이 있다'란 텔레비전 프로그램을 봤는데 재미있었어요.

송 영 : 그래요? 어떤 내용이었어요?

꾸 언 : 100세 이상 장수하는 분들의 장수 비법을 소개하는 방송이었어요. 그분들은 기본적으로 소식을 하고 김치와 나물 등의 식물성 식품 위주로 규칙적인 식사를 한대요.

송 영 : 그런 식습관이 건강에 정말 좋죠.

꾸 언 : 그리고 그분들은 다른 지역 사람들에 비해 밀가루 음식과 가공 식품을 거의 먹지 않는다고 해요.

송 영 : 그래요? 제가 다 좋아하는 것들인데…….

꾸 언 : 또 그분들은 평생 규칙적인 생활을 하시는데 특히 잠을 7시간 이상 충분히 자는 것이 가장 중요하대요. 물론 운동도 꾸준히 하는 게 좋고요.

송 영 : 꾸언 씨 말을 들으니 저는 장수와는 거리가 먼 생활을 하는 것 같아요. 저도 오늘부터 식습관과 생활 습관을 바꿔야겠어요.

꾸 언 : 좋은 생각이에요.
그럼 우리 같이 건강을 위한 식단부터 짜 볼까요?

송 영 : 네, 좋아요.

단어장
장수
소식
식물성
위주
식습관
가공 식품
식단을 짜다
해조류
식수

이야기해 봅시다

• 다음의 내용으로 위의 **대화**처럼 친구와 대화해 보십시오.

장수 비법 1	장수 비법 2
소식을 하다 / 식물성 식품 위주로 규칙적인 식사를 하다	밀가루 음식과 가공 식품을 거의 먹지 않다 / 잠을 7시간 이상 충분히 자다
공제품과 해조류를 즐겨 먹다 / 생선을 많이 섭취하다	취미 활동을 즐기다 / 사회 활동에 참여하다
깨끗한 공기를 마시다 / 눈이 녹은 물을 식수로 사용하다	스트레스를 받지 않다 / 항상 긍정적으로 생각하다

–에 비해(서)

어떤 대상이나 대상의 특징을 비교할 때 사용한다.

예 문

왕 붕 : 학교 앞에 새로 생긴 카페에 가 봤어요?
소피아 : 가 봤는데 전 별로였어요.
왕 붕 : 왜요? 전 분위기도 좋고 친절해서 좋았는데요.
소피아 : 그래요? 전 맛에 비해 가격이 너무 비쌌어요.

연 습

1. 가 : 저 배우 정말 어려 보이죠?
   나 : 네. ____________________ 훨씬 어려 보이네요.
2. 가 : 왕붕 씨가 면접에서 또 떨어졌대요.
   나 : 왕붕 씨는 ____________________________ 결과가 잘 안 나오는 것 같아요.
3. 가 : 아르바이트를 왜 갑자기 그만뒀어요?
   나 : _________________ 일이 너무 힘들어서요.
4. 가 : 우리 회사는 급여가 너무 적은 것 같아요.
   나 : 맞아요._____________________ 급여가 10%나 적어요.

말해 봅시다

예 문 과 같이 대화해 보십시오.

상황	비교
새로 생긴 카페를 가 보다	맛은 없는데 가격이 비싸다
홍삼을 먹어 보다	가격은 비싼데 효과가 없다
요가를 배우다	운동 시간은 긴데 살은 잘 안 빠지다

단어장
별로이다
홍삼

-기 십상이다

앞의 상황으로 인해 좋지 않은 결과가 나타날 가능성이 클 때 사용한다.

예문

민 지 : 기무라 씨, 오토바이를 타는데 왜 헬멧을 안 써요?
기무라 : 귀찮아서요. 그리고 헬멧을 쓰면 답답하기도 하고요.
민 지 : 헬멧을 안 쓰고 오토바이를 타다가 사고가 나면 크게 다치기 십상이에요.
기무라 : 알겠어요. 이제부터 헬멧을 꼭 쓰고 탈게요.

연습

1. 가 : 저희 남편은 매일 야근을 해요.
   나 : ______________________________
2. 가 : 요즘 일이 많아서 운전을 할 때도 자주 휴대폰을 봐야 해요.
   나 : ______________________________
3. 가 : 우리 오빠는 햄버거 같은 정크푸드를 즐겨 먹어요.
   나 : ______________________________
4. 가 : 왕붕 씨는 등산을 하러 가는데 슬리퍼를 신고 왔네요.
   나 : ______________________________

단어장
귀찮다
답답하다
정크푸드

말해 봅시다

예문 과 같이 대화해 보십시오.

상황	이유	가능성
오토바이를 타다 / 헬멧을 안 쓰다	귀찮다 / 답답하다	크게 다치다
밥을 안 먹다 / 라면만 먹다	요리도 못 하다 / 시간도 없다	건강이 나빠지다
카드를 주머니에 넣고 다니다	지갑도 없다 / 편하다	잃어버리다

2과 읽고 말하기 건강한 생활 양식

05

현대 사회는 과거에 비해 물질적으로는 풍부해졌지만 정신적으로는 그렇지 않다. 현대인들은 바쁜 생활과 스트레스, 불규칙한 식사로 인해 건강을 해치기 십상이다. 그래서 웰빙과 같은 생활 양식이 생겨났다. 웰빙은 육체와 정신의 조화를 통해 행복하고 아름다운 삶을 추구하는 생활 양식을 말한다.

그리고 이러한 삶을 추구하는 사람들을 웰빙족이라고 부른다. 웰빙족들은 육류 대신 생선과 채식 위주의 식사를 하고 외식이나 인스턴트 식품보다는 가정에서 만든 음식과 유기농 농산물을 즐겨 먹는다. 그리고 스트레스에서 벗어나기 위해 명상을 하거나 요가와 같은 마음을 안정시킬 수 있는 운동을 하며 다양한 취미 생활을 즐긴다.

이러한 웰빙족을 위하여 의류, 식품, 건강, 여행 등의 분야에서 다양한 상품이 많이 등장하였다. 특히 식품 부분에서는 식품의 색깔에 따라 영양소를 구분하는 '컬러푸드'가 인기를 끌고 있다. 예를 들면 토마토나 고추 같은 붉은색 채소는 다른 채소에 비해 피를 맑게 하는 성분이 많이 들어 있다. 시금치, 브로콜리와 같은 푸른색 채소는 피로를 풀어주는 성분이 많이 들어 있다. 이러한 식품의 영양성분과 색깔의 관계를 이용하여 식품회사에서는 색깔별로 주스를 만들어 팔기도 한다.

건강한 삶을 추구하는 웰빙은 앞으로도 더욱 인기를 끌 것으로 보인다.

단어장

- 풍부하다
- 건강을 해치다
- 생활 양식
- 추구하다
- 육류
- 유기농
- 벗어나다
- 안정시키다
- 구분하다
- 성분

이야기해 봅시다

- 여러분은 웰빙족과 그들의 생활 방식에 대해서 어떻게 생각하십니까?

• 다음 사진을 보고 이야기해 보십시오.

06 ⊙ 다음을 듣고 물음에 답하십시오.

1. 들은 내용을 정리해 보십시오.

	정크푸드 광고
시민 단체의 입장	
식품 회사의 입장	

2. 들은 내용과 같은 것을 고르십시오. (　　)

① 모든 시간대에 텔레비전에서 정크푸드 광고를 금지하기로 했다.
② 시민 단체는 정크푸드 광고로 아이들의 건강이 나빠진다고 주장한다.
③ 식품 회사는 정크푸드 광고가 아이들에게 악영향을 준다는 것을 인정한다.
④ 식품 회사는 아이들에게 정크푸드 광고를 보여주지 말아야 한다고 주장한다.

단어장

해당 (시간)
입장
엇갈리다
분별력
과다하다
제한하다
섭취(하다)
(식품을) 접하다
욕구
조절하다
비만
(영양) 불균형

이야기해 봅시다

• 여러분은 텔레비전 프로그램에서 정크푸드 광고를 금지하는 것에 대해서 어떻게 생각하십니까?

의견	내용
나의 의견(찬성/반대)	
반론	
반론에 대한 반박	

• 다음 식품들에 대해 알고 있는 정보를 이야기해 보십시오.

「타임」지가 선정한 세계 10대 건강식품

◉ 다음 글을 읽고 물음에 답하십시오.

21세기 최고의 건강식품, 토마토

세계에서 가장 많이 먹는 채소는 무엇일까? 바로 '토마토'이다. 전 세계적으로 한 사람이 1년 동안 먹는 토마토의 양은 약 15kg 정도 된다고 한다. 그 중 가장 많이 소비하는 나라는 그리스로 국민 1인당 연간 140kg 이상의 토마토를 먹는다. "토마토가 빨갛게 익으면 의사 얼굴이 파랗게 질린다."라는 말이 나올 정도로 토마토는 건강식품이며 미국 타임지가 선정한 '21세기 최고의 식품'이기도 하다.

빨갛고 탱글탱글한 토마토는 보기에 아주 먹음직스러운데 토마토가 이렇게 빨간 이유는 리코펜이라는 성분 때문이다. 이 리코펜은 노화를 방지하는 작용을 한다. 또한 토마토는 비타민 C가 매우 풍부하며 유방암과 소화기계통의 암을 예방하는 데 뛰어난 효과가 있다. 그래서 토마토를 즐겨 먹는 이탈리아 여성의 유방암 발생률이 세계적으로 가장 낮다고 한다.

한국에서는 토마토를 요리하지 않고 그냥 먹는 것이 보통이지만 토마토에 들어 있는 리코펜 성분은 익혀 먹으면 흡수가 더 잘 된다. 그래서 볶거나 구워서 먹는 것이 좋다. 건강과 장수를 생각한다면 토마토를 여러 가지 요리에 이용해 보자.

단어장

소비하다
(과일이) 익다
파랗게 질리다
탱글탱글하다
먹음직스럽다
노화
방지하다
작용
유방암
소화기 계통
흡수가 되다

1. 각 문단의 내용을 정리해 보십시오.

문단	소제목	내용
1	토마토 소개	
2	토마토 성분 및 효능	
3	토마토 요리법	

2. 이 글의 내용과 다른 것을 고르십시오. (　　)
   ① 토마토 색이 빨간 것은 리코펜 때문이다.
   ② 토마토는 유방암을 예방하는 효과가 있다.
   ③ 토마토는 젊음을 유지하는 데 도움이 된다.
   ④ 토마토는 전세계에서 미국이 가장 많이 소비한다.

3. 토마토를 가장 효과적으로 먹은 사람을 고르십시오. (　　)
   ① 왕붕은 설탕을 뿌려 먹었다.
   ② 소피아는 갈아서 주스를 만들어 먹었다.
   ③ 제임스는 올리브기름을 넣어 볶아 먹었다.
   ④ 동우는 다른 채소와 함께 샐러드를 만들어 먹었다.

단어장
효능
갈다
항암
혈액 순환

이야기해 봅시다

• 다음의 자료를 참고해서 10대 건강식품에 대해 소개해 보십시오.

	시금치	적포도주	마늘
주성분	마그네슘	폴리페놀	알리신
효능	성장 및 다이어트에 도움	항암 효과 및 노화 방지	혈액 순환에 도움
섭취 방법	살짝 데치거나 볶다	식사를 할 때 한 잔 정도 마시는 것이 좋다	익혀 먹는 것이 좋다

2과 쓰기

◉ 여러분이 알고 있거나 관심 있는 건강식품에 대해 소개하는 글을 써 보십시오.

처음	건강식품 및 소개	
가운데	성분	
	효능	
	요리법	
끝	마무리	

쓰기 길잡이

소개	-을/를 섭취한다 / 소비한다
성분	-에 비해 -이/가 풍부하다 / 많이 들어 있다
효능	-에 도움이 된다 -을/를 예방하는 데 효과가 좋다 -을/를 먹으면 -에 탁월한 효능이 있다 -을/를 방지한다 / 예방한다 / 막아 준다
요리법	날로 / 그냥 먹는 것이 좋다 익혀 / 볶아 / 쪄 먹어야 영양 성분이 잘 흡수된다

▶ 위의 글을 원고지에 써 보십시오.

2과 관용어와 의태어

관용어

한솥밥을 먹다	같이 생활하면서 가족처럼 지내다

가 : 사장님, 지난번 저희 아들 돌잔치에 참석해 주셔서 고맙습니다.
나 : 한솥밥 먹는 사이인데 좋은 일이 있으면 함께 기뻐해야지요.
가 : 감사합니다. 덕분에 돌잔치를 잘 치렀습니다.
나 : 다음에 또 경조사가 있으면 연락 주세요.

의태어

근질근질	1) 자꾸 간지러운 느낌이 드는 상태 2) 참기 어려울 정도로 몹시 어떤 일을 하고 싶어 하는 상태
글썽글썽	눈에 눈물이 넘칠 정도로 고여 있는 모양

1. 가 :동우 씨, 소피아 씨 얼굴이 좋아 보이는데 무슨 일이 있는지 알아요?
   나 : 소피아 씨에게 좋은 일이 생겼거든요.
   가 : 무슨 일이에요? 알고 있으면 좀 알려 주세요.
   나 : 저도 말하고 싶어서 입이 ____________해요. 그런데 소피아 씨가 아직 말하지 말래요.

2. 가 : 오늘 졸업식 잘 했어요?
   나 : 네. 그런데 졸업식 노래를 부르는데 다들 눈에 눈물이 ____________ 하더라고요.
   가 : 그랬겠네요. 송영 씨도 울었어요?
   나 : 울 번했는데 참았어요.

3과 잘 쉬어야 일도 잘 하죠.

학습목표

| **대화** 휴식의 가치
| **읽고 말하기** 여가 활동

| **듣기** 래프팅
| **읽기** 다양한 휴가제
| **쓰기** 선호하는 여가생활

| **문법과 표현1** –든(지)
| **문법과 표현2** –느니

| **관용어와 의태어**
깨가 쏟아지다
듬성듬성 / 꼬박꼬박

3과 대화 휴식의 가치

07

왕 붕 : 민지 씨, 연휴 잘 보냈어요?

민 지 : 뭐 그저 그랬어요. 왕붕 씨는 잘 보냈어요? 얼굴이 좀 탄 것 같네요.

왕 붕 : 그렇죠? 이번 연휴에 태국에 다녀왔거든요.

민 지 : 와! 좋았겠어요. 어땠어요?

왕 붕 : 정말 좋았죠. 맛있는 음식도 먹고 유적지에도 가고요.
스킨스쿠버도 했는데 정말 재미있었어요.

민 지 : 부럽네요. 전 연휴 기간 내내 집에만 있었어요.

왕 붕 : 집에만 있느니 나가서 친구라도 만나지 그랬어요?

민 지 : 저도 친구를 만나든지 쇼핑을 하든지 하려고 했는데 집에서 과제를 하다 보니 연휴가 다 끝났더라고요.

왕 붕 : 너무 무리하는 거 아니에요? '열심히 일한 당신 떠나라.'라는 광고도 있잖아요.

민 지 : 하긴 잘 쉬어야 일도 잘 하겠죠.

왕 붕 : 여행 한번 다녀오세요. 재충전의 기회가 될 거예요.

민 지 : 그래야겠네요.

이야기해 봅시다

- 다음의 내용으로 위의 **대화**처럼 친구와 대화해 보십시오.

왕붕이 한 일	민지가 하려고 한 일
태국 / 맛있는 음식을 먹고 유적지에도 가다	친구를 만나다 / 쇼핑을 하다
농촌 / 농사일을 하고 자연도 느끼다	대청소를 하다 / 봉사활동을 하다
제주도 / 경치도 보고 해산물도 맛보다	조카와 놀아주다 / 스케이트를 타러 가다

단어장
스킨스쿠버
재충전
농촌

-든(지)

여러 가지 중에서 어느 것을 선택하거나 어떤 것을 선택해도 상관없음을 나타낼 때 사용한다.

예 문

송 영 : 왜 수업 시간 내내 졸아요?
기무라 : 새벽까지 편의점에서 아르바이트를 해요.
송 영 : 아르바이트 시간을 바꾸든지 다른 아르바이트를 구하든지 하세요.
기무라 : 네, 한번 생각해 볼게요.

연 습

1. 가 : 자꾸 머리카락이 빠져서 고민이에요.
   나 : ______________________
2. 가 : 밤에 너무 더워서 잘 수가 없어요.
   나 : ______________________
3. 가 : 배가 고파서 수업에 집중할 수가 없어요.
   나 : ______________________
4. 가 : 향수병에 걸렸는지 요즘 통 입맛이 없어요.
   나 : ______________________

말해 봅시다

예 문 과 같이 대화해 보십시오.

상황 1	상황 2	방법
수업 시간 내내 졸다	새벽까지 편의점에서 아르바이트를 하다	아르바이트 시간을 바꾸다 / 다른 아르바이트를 구하다
하는 일없이 빈둥거리다	방학이라서 여유 시간이 많다	여행을 가다 / 자격증을 따다
병원에 자주 가다	변비에 잘 걸리다	식습관을 바꾸다 / 운동을 하다

단어장
빈둥거리다
변비에 걸리다

-느니

뒤의 상황이나 행동이 만족스럽지는 않지만 그래도 앞의 것 보다는 낫다는 것을 말할 때 사용한다. '차라리'와 같이 쓰는 경우가 많다.

예 문

소피아 : 민지 씨에게 고백한다면서요? 했어요?
왕 붕 : 아직 못했어요. 고백했다가 거절당하면 어떡해요?
소피아 : 그렇게 걱정만 하느니 거절당하더라도 고백하는 게 낫겠어요.
왕 붕 : 알겠어요. 용기를 내 볼게요.

연 습

1. 가 : 왜 동생 방을 청소해 줘요? 동생에게 시키세요.
   나 : 동생이 말을 안 들어요. ______________________
2. 가 : 내일부터 휴간데 길이 막힐까 봐 벌써부터 걱정이에요.
   나 : 나가면 고생이죠. ______________________
3. 가 : 시간이 없으니까 저 식당에라도 가자.
   나 : 저 식당 정말 맛없어. ______________________
4. 가 : 용돈을 벌써 다 썼어. 어떡하지? 친구에게 빌릴까?
   나 : ______________________

말해 봅시다

예 문 과 같이 대화해 보십시오.

상황	걱정	조언
민지에게 고백하다	거절당하다	걱정만 하다 / 거절당하더라도 고백하다
연휴에 여행 가다	연휴라서 사람이 많다	할 일 없이 집에만 있다 / 복잡하더라도 여행 가다
화장실을 수리하다	수리비가 많이 나오다	불편하게 살다 / 돈이 들더라도 수리를 하다

단어장
거절당하다

08

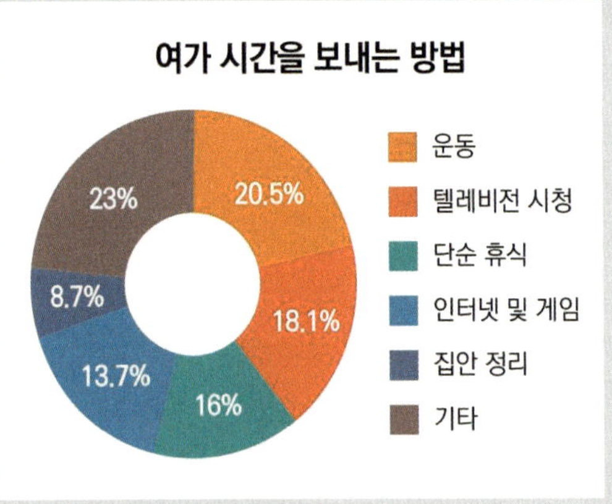

문화관광부가 여가 시간을 보내는 방법에 대해 직장인 500명을 대상으로 설문조사를 실시하였다.

조사 결과에 따르면 여가 시간을 보내는 방법으로 운동 및 스포츠 활동이 20.5%로 가장 많았다. 이는 처음으로 텔레비전 시청 18.1%를 앞지른 것이다. 최근 건강에 대한 관심이 높아지면서 운동으로 건강을 지키자는 생각이 많아졌기 때문인 것으로 보인다. 그 밖에 낮잠 등의 단순 휴식 16.0%, 인터넷 및 게임 13.7%, 집안 정리 8.7% 순이었다. 여가 시간에 운동 및 스포츠 활동을 한다고 답한 사람 중 주당 2~3회 이상, 1회 30분 이상 규칙적으로 운동한다고 답한 사람은 44.1%나 되었다. 꾸준히 운동하는 사람의 비율이 40%에 이른 것은 이번이 처음이며 지난 20년 동안 두 배 이상 늘어난 것이다.

이상의 조사 결과를 통해 직장인들은 건강과 관련된 여가 활동을 많이 한다는 것을 알 수 있다. 건강에 대한 관심이 높아지고 있는 추세에 따라 운동 및 스포츠 활동에 시간을 투자하는 사람이 점차 증가할 것으로 예상된다.

단어장

설문조사
실시하다
앞지르다
(시간을) 투자하다

이야기해 봅시다

- 여러분은 여가 시간에 어떤 활동을 합니까? 그 이유는 무엇입니까?

3과 듣기

• 다음은 무슨 레포츠입니까? 사진을 보고 이야기해 보십시오.

09

◉ 다음을 듣고 물음에 답하십시오.

1. 들은 내용을 정리해 보십시오.

레포츠의 정의	
래프팅 할 때의 주의사항	•
	•
	•

2. 들은 내용과 같은 것을 고르십시오. (　　)

① 래프팅은 계절에 상관없이 할 수 있는 레포츠이다.
② 래프팅의 장점은 참을성을 키울 수 있다는 것이다.
③ 래프팅은 단체로 하면 위험하므로 보통 혼자 한다.
④ 강원도는 급류가 많아서 래프팅 장소로 부적합하다.

단어장

합치다
단련하다
급류(를 타다)
스릴
협동심
인내심
구명조끼
안전모
유의사항

이야기해 봅시다

• 여름에 즐길 수 있는 다양한 수상 레포츠에 대해 소개해 보십시오.

3과 읽기

• 다음은 다양한 휴가의 모습입니다. 여러분은 휴가를 어떻게 보내고 싶습니까?

◉ 다음 글을 읽고 물음에 답하십시오.

열심히 일한 당신 떠나라 !

'잘 쉬어야 일도 잘한다.'는 생각이 자리잡으면서 여름휴가는 4박 5일이라는 생각도 깨지고 있다. '아이디어 휴가제', '집중 휴가제', '리프레시 휴가제' 등의 제도로 일부 기업의 직원들은 열흘 이상의 장기 휴가를 갈 수 있게 됐다.

새로운 아이디어 발상을 중요하게 생각하는 K광고 회사에서는 직원들이 충분한 시간적 여유를 가지고 다양한 체험을 할 수 있도록 '아이디어 휴가제'를 도입했다. 이 제도 덕분에 직원들은 자유롭게 주제를 선정해 최소 2주에서 최대 2개월까지 세계 각지로 휴가를 떠날 수 있게 되었다.

H자동차의 경우 공휴일에 근무를 하는 대신 공휴일에 일한 만큼 여름휴가를 길게 사용하도록 하는 '집중 휴가제'를 도입했다. 이는 여름에 일정 온도 이상 기온이 올라가면 작업 효율이 떨어져 생산량에 영향을 주기 때문이다. '집중 휴가제'로 휴가를 집중적으로 몰아서 쓸 수 있게 됨에 따라 직원들은 넉넉한 휴식과 여가활동 기회를 가질 수 있게 되었다.

최근 M백화점은 '리프레시 휴가제'를 실시하고 있다. 평소 연휴나 주말에 더 바빠 긴 휴가는 엄두도 못 내는 백화점의 특성에도 불구하고 이 백화점은 직원의 직급, 나이 등에 따라 법정 휴가 외에 별도로 재충전의 시간을 주는 것이 특징이다. 입사 15~20년차 팀장들은 한 달 동안 휴가를 쓸 수 있다. 그 덕분에 전국 일주 도보여행이나 가족과 함께하는 장기 여행 등의 계획을 짜게 됐다.

단어장

자리잡다
몰다
넉넉하다
리프레시
장기
발상
도입하다
제도
작업 효율
생산량
엄두를 내다

1. 각 문단의 내용을 정리해 보십시오.

문단	소제목	내용
1	휴가에 대한 새로운 생각	
2	K광고 회사 – 아이디어 휴가제	
3	H자동차 – 집중 휴가제	
4	M백화점 – 리프레시 휴가제	

2. '집중 휴가제'의 장점은 무엇입니까?

____

3. 이 글의 내용과 같은 것을 고르십시오. (　　)

① 기온은 기업의 작업 효율 및 생산량과는 관계가 없다.
② 리프레시 휴가제는 새로운 아이디어를 내기 위한 방법이다.
③ 대부분의 기업은 열흘 이상의 장기 휴가 제도를 시행 중이다.
④ M백화점의 17년차 팀장은 최대 한 달까지 휴가를 쓸 수 있다.

단어장

이야기해 봅시다

- 여러분이 회사 사장이라면 직원들에게 어떤 휴가를 주고 싶습니까?

3과 쓰기

◉ 다음은 한국의 남녀가 희망하는 여가생활에 대한 설문 조사입니다.

* 조사 시기 : 지난달
* 조사 기관 : 통계청
* 조사 대상 : 한국의 남성과 여성
* 조사 주제 : 선호하는 여가 생활
* 조사 결과 :

순위	남 성	여 성
1	레포츠 (35%)	친목 모임 (31%)
2	자기 계발(20%)	여행 (18%)
3	친목 모임 (15%)	자기 계발 (9%)
4	여행 (9%)	공연 관람 (7%)

쓰기 길잡이

처음	-에 대해 / 설문조사를 실시하였다
중간	-에 의하면 / -에 따르면 -에 비해 / -에 반해 / 반면에 -(으)ㄴ/는 것으로 나타났다 / 조사되었다 -%를 차지했다 / -위로 나타났다 -%로 높게 나타났다 / -%에 불과했다 -순으로 나타났다 / -의 순이었다 -% 이하로/이상으로, 절반 이상, -배 이상 -(으)ㄴ/는 편이었다 / -(이)나 되었다
끝	이 조사를 통해 / 이상의 조사 결과로 볼 때 -다는 것을 알 수 있다

※ 위의 글을 원고지에 써 보십시오.

3과 관용어와 의태어

관용어

깨가 쏟아지다	고소한 냄새가 나다. 즉, 사이가 아주 좋은 사람들을 보고 하는 말

가 : 저 부부는 결혼한 지 10년이 넘었는데 마치 신혼부부 같네요.
나 : 그러게요. 두 사람은 아직도 깨가 쏟아지더라고요.
가 : 부럽네요. 비결이 뭘까요?
나 : 글쎄요. 다음에 만나면 한번 물어봐야겠어요.

의태어

듬성듬성	매우 드물고 사이가 뜬 모양
꼬박꼬박	조금도 어김없이 계속하는 모양

1. 가 : 영화가 곧 시작될 텐데 왜 이렇게 사람이 없지?
   나 : 그러게. 이 넓은 영화관에 사람들이 ______________ 앉아 있네.
   가 : 혹시 영화가 재미없어서 그런 거 아닐까?
   나 : 관람평을 보고 예매할걸 그랬네.

2. 가 : 취직한 지 7년 만에 아파트를 샀다면서요?
   나 : 사실은 은행에서 조금 빌렸어요.
   가 : 그래도 대단하시네요. 남들은 10년이 훨씬 더 걸리는데…….
   나 : 매달 월급의 반을 ______________ 저축했거든요.

4과 어떤 옷을 입고 가야 할지 몰라서요.

학습목표

| **대화** 결혼식 옷차림
| **읽고 말하기** 쿨비즈 패션

| **듣기** 강의실 옷차림 제한
| **읽기** 여행 시 옷차림 예절
| **쓰기** 상황에 맞는 옷차림

| **문법과 표현 1** -(으)ㄹ 겸(하다)
| **문법과 표현 2** -(으)ㄴ 채(로)

| **관용어와 의태어**
파김치가 되다
꼬치꼬치 / 끄덕끄덕

대화 결혼식 옷차림

10

하나코 : 동우 씨, 지금 바빠요? 뭐 좀 물어보려고요.

동 우 : 괜찮아요. 물어보세요.

하나코 : 다른 게 아니라, 다음 주에 한국 사람 결혼식에 초대 받았어요. 근데 어떤 옷을 입고 가야 할지 몰라서요. 일본에서는 보통 드레스를 입고 가거든요.

동 우 : 우와! 드레스요? 어떤 드레스요? 영화배우들이 입는 그런 드레스 말인가요?

하나코 : 아니, 그렇게 노출이 심한 드레스는 아니에요.

동 우 : 음, 한국에서는 보통 단정한 정장을 입어요. 치마에 블라우스나 재킷 같은 거, 아니면 원피스도 괜찮고요. 가까운 친척이나 나이 드신 분들은 한복을 입기도 하고요.

하나코 : 그렇군요. 저는 일본에서처럼 화려한 드레스를 입어야 하는 줄 알고 걱정했어요. 일본에서는 결혼식에 참석하려면 머리에 화장에 신경 써야 할 게 많거든요.

동 우 : 음. 한국과 일본은 결혼식 문화가 다른 것 같네요.

하나코 : 이번 주말에는 결혼식에 입을 옷도 살 겸 백화점에 가야겠어요.

단어장

노출
단정하다
화려하다
옷차림
장례식
삼베옷

이야기해 봅시다

• 다음의 내용으로 위의 **대화**처럼 친구와 대화해 보십시오.

상황	적절한 옷차림	
	손님	가족이나 친척
결혼식에 초대받다	단정한 정장	가까운 친척 - 한복
장례식에 가야 하다	검정색이나 어두운 색의 옷	삼베옷이나 검은색 옷

4과 문법과 표현 1

-(으)ㄹ 겸(하다)

두 가지의 목적을 표현할 때 사용한다.

예 문

안　나 : 제임스 씨, 자전거를 타고 다닌다면서요?
제임스 : 네. 운동도 할 겸 환경도 보호할 겸해서요.
안　나 : 아, 그렇군요. 그럼 저도 교통비도 아낄 겸 자전거를 타고 다녀 볼까요?
제임스 : 좋은 생각이에요.

연 습

1. 가 : 노트북 구입하셨다면서요?
   나 : ________________
2. 가 : 광주에 왜 가세요?
   나 : ________________
3. 가 : 주말에 래프팅하러 가실래요?
   나 : 좋지요. ________________
4. 가 : 전국 일주 하러 간다면서요?
   나 : ________________

말해 봅시다

예 문 과 같이 대화해 보십시오.

상황	목적	
자전거를 타고 다니다	운동을 하다 / 환경을 보호하다	교통비를 아끼다
아르바이트를 하다	용돈을 벌다 / 사회 경험을 쌓다	학비를 벌다
눈꽃 축제에 가다	얼음 조각품을 감상하다 / 눈썰매를 타다	축제 분위기를 느끼다

단어장

-(으)ㄴ 채(로)

기존 상태 그대로 다음 동작을 하는 것을 나타낸다.

예문

송 영 : 민지 씨, 얼굴이 안 좋네요. 무슨 일 있어요?
민 지 : 어젯밤에 새벽까지 영화를 보다가 화장을 한 채로 그대로 잠들었어요. 그래서 피부가 많이 상했어요.
송 영 : 피곤하더라도 화장은 깨끗이 지우고 자야지요.

연습

1. 가 : 한국에서는 집에 들어 갈 때 신발을 꼭 벗어야 해요.
   나 : 맞아요. 신발을 ______________________________
2. 가 : ______________ 사진을 찍어서 보기가 좋지 않네요.
   나 : 그럼, 다시 찍을게요.
3. 가 : X-RAY를 찍을 때 목걸이를 __________ 사진을 찍으면 안 됩니다.
   나 : 네. 지금 목걸이 뺄게요.
4. 가 : 왕붕 씨가 수업 시작하고 30분이나 지났는데 이제 교실로 들어와요.
   나 : 그러네요. 부끄러운지 고개를 ____________ 들어오네요.

단어장
(세탁기를) 돌리다

말해 봅시다

예문 과 같이 대화해 보십시오.

상황	한 일	결과
새벽까지 영화를 보다	화장을 하다 / 잠이 들다	피부가 상하다
급하게 출근 준비를 하다	안경을 끼다 / 세수를 하다	안경이 부러지다
겨울옷을 빨다	휴대폰을 주머니에서 빼지 않다 / 세탁기를 돌리다	휴대폰이 고장 나다

4과 읽고 말하기 쿨비즈 패션

11

쿨비즈란 말을 들어 본 적이 있는가? '쿨비즈'란 영어의 '쿨(cool)'과 '비즈니스(business)'가 합쳐진 단어로 '쿨비즈 패션'은 에너지 절약과 환경 보호를 추구하는 옷차림을 뜻한다. 즉, 넥타이를 매지 않고 재킷 대신에 시원한 소재의 옷을 입어 일의 효율을 높이면서 에너지까지 절약하자는 캠페인이다. 한국에서는 2006년부터 쿨비즈룩이 일반 직장인들 사이에 퍼졌으며 최근에는 공공기관과 대기업에서도 적극적으로 장려하고 있다.

전문가들의 분석에 따르면 넥타이와 재킷을 벗는 것만으로도 체감 온도를 2℃ 정도 낮출 수 있다고 한다. 따라서 회사원들이 모두 쿨비즈룩을 입는다면 1년 평균 전기 요금이 3,000억 원 정도 절약된다.

날이 갈수록 대기 오염과 지구온난화가 심각해지므로 이런 쿨비즈 패션은 일시적인 유행으로 끝날 것 같지 않다. 쿨비즈룩을 입으면 냉방으로 인한 유해가스의 양을 줄여 지구온난화를 늦추는 데도 도움이 되기 때문이다.

단어장

소재
에너지
캠페인
퍼지다
장려하다
분석(하다)
체감 온도
일시적
유해가스

이야기해 봅시다

- 쿨비즈 패션처럼 에너지를 절약할 수 있는 옷차림은 어떤 것이 있습니까?

4과 듣기

• 아래와 같은 표지판은 어디에 어울리는 표지판입니까?

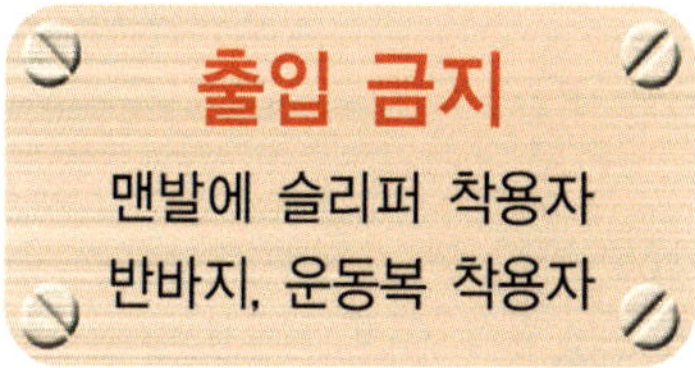

12 ◉ 다음을 듣고 물음에 답하십시오.

1. 들은 내용을 정리해 보십시오.

옷차림 제한 안내문		
옷차림 제한에 대한 의견	교수	
	학생	

2. 들은 내용과 같은 것을 고르십시오. (　　)

① 옷차림에 대한 학생 측의 입장과 교수 측의 입장에는 조율이 필요하다.
② 한 대학교 캠퍼스에서 도서관 이용 시 옷차림 제한으로 문제가 되고 있다.
③ 교수는 지하철과 같은 공공장소에서는 옷차림을 제한해야 한다고 생각한다.
④ 학생은 슬리퍼를 신는 것보다 반바지를 입는 것이 더 예의가 없다고 생각한다.

단어장
맨발
캠퍼스
조치
학문
자율성
개성
조율하다
주목되다

이야기해 봅시다

• 학교에서의 옷차림 제한에 대해 어떻게 생각합니까? (예-교복 착용, 금지하는 옷차림 등)

• 여러분은 낯선 곳으로 여행을 가 본 적이 있습니까? 그때 가장 신경 쓴 것은 무엇이었습니까?

◉ 다음 글을 읽고 물음에 답하십시오.

알아두면 유익한 해외여행 옷차림

옷차림에 관한 예절은 평소에만 적용되는 것이 아니다. 클래식 공연장에 슬리퍼를 신고 입장하거나 사원에 핫팬츠를 입고 들어가는 것이 예의가 아니듯 여행지에서도 그곳에 맞는 복장을 하는 것이 기본이다. 그렇다면 여행지에서는 어떤 옷을 입는 것이 좋을까?

아프리카를 여행할 때는 날씨가 덥더라도 얇고 가벼운 긴 바지나 긴 치마를 준비하는 것이 좋다. 낮에는 햇볕이 강해서 화상의 위험이 크기 때문이다. 그리고 아침, 저녁으로는 쌀쌀하기 때문에 감기에 걸리기 쉬우므로 두꺼운 점퍼가 필요하다.

이슬람 국가를 여행하는 동안은 다소 보수적인 옷차림이 좋다. 몸에 딱 달라붙거나 몸매를 드러내는 짧은 옷은 금지이다. 발목까지 오는 긴 옷을 입고 양말까지 신는 것이 이곳의 적절한 옷차림이다. 특히 이슬람 사원과 같은 곳에서는 민소매나 짧은 하의 차림으로는 입장을 할 수 없다. 여행자들은 그것을 항상 염두에 두고 있어야 하며 특히 여성 여행자들은 더욱 주의를 기울여야 한다.

여행 복장은 무엇보다 편한 게 가장 좋다. 그러나 때와 장소에 맞춰 옷을 입는 것도 여행의 일부이므로 반드시 현지 문화를 따라야 하는 곳도 있다. 자신의 스타일대로 멋있게 입고 싶겠지만 여행지의 문화와 관습을 존중하여 옷차림에 조금만 더 신경 쓴다면 더욱 즐거운 여행을 할 수 있을 것이다.

단어장
- 사원
- 복장
- 화상
- 쌀쌀하다
- 보수적
- 달라붙다
- 몸매
- 민소매
- 염두에 두다
- 주의를 기울이다
- 관습
- 존중하다

1. 각 문단의 내용을 정리해 보십시오.

문단	소제목	내용
1	옷차림 예절	
2	아프리카 여행 시 옷차림	
3	이슬람 국가 여행 시 옷차림	
4	여행지에서의 옷차림 예절	

2. 이 글의 내용과 같은 것을 고르십시오. (　　)

① 가나를 여행할 때는 날씨가 무더우므로 짧은 옷이 좋다.
② 터키를 여행할 때 짧은 반바지를 입고 사원에 들어갈 수 있다.
③ 즐거운 여행을 위해서는 여행지의 문화에 맞는 옷차림을 하는 것이 좋다.
④ 이슬람 국가에서는 관광지뿐만 아니라 종교적인 장소에서도 옷차림 제한이 없다.

단어장

이야기해 봅시다

- 여러분의 나라를 여행할 때 어떤 옷차림에 신경을 써야 합니까?
  여행자들에게 알려 주는 안내문을 써 보십시오.

쓰기

◉ 여러분 나라에서 상황에 따라 지켜야 할 옷차림 예절에 대해 써 보십시오.

처음	상황 (예-결혼식, 장례식 등)	
가운데	옷차림 예절 및 주의 사항	
	이유	
끝	마무리	

쓰기 길잡이

상황 / 언제	-(으)ㄹ 때 옷차림 예절을 지켜야 한다
옷차림 예절 및 주의 사항	-(으)ㄴ/는 옷을 입어야 한다 -(으)ㄴ/는 옷을 입는 것이 무난하다 -(으)ㄴ/는 옷은 피하는 것이 좋다
이유	-(으)ㄴ/는 옷을 입으면 오해를 받을 수 있다 -(으)ㄴ/는 옷을 입는 것은 예의에 어긋난다

▶ 위의 글을 원고지에 써 보십시오.

관용어와 의태어

관용어

파김치가 되다	몹시 지쳐서 힘이 없다

가 : 민지 씨, 오늘 날씨도 더운데 시원한 밀면 먹으러 갈까요? 동우 씨도 같이요.
나 : 좋아요. 근데, 동우 씨는 아마 못 갈걸요.
가 : 왜요?
나 : 1시간 전에 기숙사 앞에서 만났는데 파김치가 되었더라고요. 오전 내내 축구를 했대요.
가 : 이 무더위에 축구라니 파김치가 될 만하네요.

의태어

꼬치꼬치	낱낱이 따지고 캐묻는 모양
끄덕끄덕	고개를 위 아래로 계속 움직이는 모양

1. 가 : 지금 몇 시야?
나 : 어……. 12시…….
가 : 지금까지 뭐 했어? 어디에 있었어? 누구랑 있었어?
나 : 엄마, 저도 사생활이 있다고요. ______________ 캐묻지 마세요.

2. 가 : 오늘 과학 특강 어땠어?
나 : 유익한 강의였어. 나뿐만 아니라 다른 학생들도 고개를 ______________하며 강의에 집중하더라.
가 : 그랬구나. 다음엔 나도 특강에 빠지면 안 되겠네.
나 :그래. 또 특강 소식 있으면 연락할게.

5과 우리 인생에 변화를 주는 것은?

학습목표

| **대화** 오랜만에 만난 친구
| **읽고 말하기** 나에게 영향을 준 책

| **듣기** 바이올린 연주자
| **읽기** 장기려 박사
| **쓰기** 인생에 변화를 준 일

| **문법과 표현1** -기에
| **문법과 표현2** -는 한

| **관용어와 의태어**
바가지를 쓰다
느릿느릿 / 두근두근

대화 오랜만에 만난 친구

13

제임스 : 어, 안나 씨?

안 나 : 어머, 제임스 씨, 오랜만이에요. 이게 얼마만이에요?

제임스 : 한 4, 5년 됐죠? 그동안 잘 지냈어요?

안 나 : 네, 잘 지냈죠. 요즘 뭐 하세요?

제임스 : 자동차 회사에 다니고 있어요. 처음에는 힘들었는데 1년쯤 지나니까 이제 좀 적응이 됐어요. 안나 씨는 그때 한국 사람이랑 결혼한다고 했던 것 같은데 결혼했어요?

안 나 : 그럼요. 결혼해서 벌써 애도 있는걸요. 얼마 전에 돌잔치도 했어요.

제임스 : 아, 정말 축하해요. 세월이 정말 빠르군요. 같이 공부한 게 엊그제 같은데……. 근데 여기는 어쩐 일이세요?

안 나 : 집이 이 근처라서 장 보러 나왔어요. 제임스 씨는요?

제임스 : 저는 회사 동료가 집들이를 한다기에 뭐 좀 사러 왔어요.

안 나 : 그럼, 지금 가 봐야겠네요. 다음에 시간 있을 때 차 한 잔해요. 제임스 씨, 전화번호 안 바뀌었죠?

제임스 : 네, 옛날 그대로예요.

안 나 : 알겠어요. 그럼 가능한 한 빨리 연락할게요. 오늘 정말 반가웠어요.

이야기해 봅시다

• 다음의 내용으로 위의 **대화**처럼 친구와 대화해 보십시오.

제임스 상황	안나 상황
자동차 회사에 다니다 / 1년이 지나다	한국 사람이랑 결혼하다 / 아이가 있다
인터넷 쇼핑몰을 창업하다 / 6개월이 되다	미국에 유학 가다 / 취직하다
커피숍을 개업하다 / 2년이 되다	경찰시험을 준비하다 / 경찰서에서 근무하다

단어장

세월
엊그제
창업하다
개업하다

–기에

앞의 사실을 원인이나 근거로 하여 그에 따른 행동이 뒤에 나타난다. 들은 사실을 말할 때는 '–다기에'를 사용한다.
※ 말할 때는 '–길래'를 많이 쓴다.

예 문

송 영 : 오늘 오후에 뭐해?
민 지 : 오후에 공항에 갈 거야.
송 영 : 공항에는 왜 가?
민 지 : 고향 친구가 온다기에 마중 가려고.

연 습

1. 가 : 비도 안 오는데 우산은 왜 가져왔어요?
   나 : 뉴스에서 ______________________________
2. 가 : 아이와 공연 보러 간다면서 왜 안 갔어요?
   나 : 7세 미만은 ______________________________
3. 가 : 웬 과일을 이렇게 많이 샀어요?
   나 : 마트에 갔는데 ______________________________
4. 가 : 왜 이렇게 늦었어요?
   나 : 오는 길에 어떤 할머니를 만났는데 ______________________________

말해 봅시다

예 문 과 같이 대화해 보십시오.

갈 곳	이유	행동
공항에 가다	친구가 오다	마중 가다
전자제품 매장에 가다	이번 여름에 폭염이 오다	미리 준비하다
마트에 가다	토마토가 최고의 건강식품이다	매일 섭취하다

단어장
미만
난로

–는 한

앞 문장이 뒤 문장의 내용에 대한 조건이 됨을 나타낸다.

예 문

제임스 : 나도 이제 노후를 대비해야겠어.
마이클 : 너처럼 돈을 물 쓰듯이 쓰는 한 노후 대비는 힘들어.
제임스 : 내가 뭘 그렇게 많이 사?
마이클 : 너 이번에 또 차 바꿨잖아.

연 습

1. 가 : 계속 살만 찌는 것 같아요.
   나 : 지금처럼 계속 ____________________
2. 가 : 요즘 자꾸 기침이 나고 목이 따가워서 말하는 것도 힘들어.
   나 : 담배를 ____________________
3. 가 : 한국에서는 약국에서 수면제를 살 수 있어요?
   나 : ____________________
4. 가 : 빨리 부자가 될 수 있는 방법이 있을까요?
   나 : ____________________

단어장
노후
대비하다
물 쓰듯이
따갑다
수면제
물 마시듯이
밥 먹듯이

말해 봅시다

예 문 과 같이 대화해 보십시오.

희망	불가능한 조건
노후를 대비하다	돈을 물 쓰듯이 쓰다
건강을 관리하다	술을 물 마시듯이 마시다
승진을 하다	실수를 밥 먹듯이 하다

읽고 말하기 나에게 영향을 준 책

14

5년 전의 일이다. 졸업 발표회에서 학생 대표로 피아노를 치게 되었다. 눈을 감고도 칠 수 있을 만큼 연습을 많이 했다. 그런데 너무 긴장해서 실수를 하고 말았다. 나 자신이 너무 싫고 부끄러워서 그 날 집으로 돌아오면서 내내 울었다. 그리고 집 밖으로 나가지도 않고 일주일을 보냈다. 그러던 어느 날 친구가 전화를 해서 나오라고 했다. 너무 나가기 싫었지만 친구가 집 앞까지 찾아와서 어쩔 수 없었다. 그런데 친구가 나에게 책 한 권을 주면서 기운을 내라고 했다. 그 책은 '오늘은 나한테 잘 하자'라는 책이었다.

처음에는 별 기대 없이 읽기 시작했는데 읽다 보니 나 자신을 사랑하게 되는 그런 책이었다. 이 책에서 가장 마음에 들었던 것은 '나는 평생 무엇이 되고 싶어 했다. 이제 그 마음을 놓을 수 있겠다. 이젠 무엇이 되지 않아도 괜찮다. 지금 할 수 있는 일을 착실히 해 나가겠다.'는 부분이다. 이 부분을 읽는데 눈물이 나서 참기가 힘들었다. 사실 그동안 나는 내가 항상 부족하고 모자란 사람이라고 생각했다. 늘 다른 사람들과 비교하고 다른 사람들의 눈에 보이는 나는 어떤 모습일까 신경이 쓰여서 잠을 못 잘 때도 있었다. 그런데 어느 날 읽게 된 이 한 권의 책이 나를 바꾼 것이다.

이 책을 읽고 나서 많은 위로를 받았다. 앞으로는 하루하루 내 삶에 대해서 감사하며 살아야겠다. 그리고 나 자신을 사랑하겠다.

단어장

- 기운을 내다
- 마음을 놓다
- 착실히
- 모자라다

이야기해 봅시다

- 지금까지 읽었던 책 중에서 여러분에게 가장 큰 영향을 준 책은 무엇입니까?

5과 듣기

• 여러분은 클래식 음악을 좋아합니까? 좋아하는 음악가가 있습니까?

15 ◉ 다음을 듣고 물음에 답하십시오.

1. 들은 내용을 정리해 보십시오.

장하영 씨의 고향	
어렸을 때 좋아한 것	
바이올린을 배우게 된 계기	

2. 들은 내용과 같은 것을 고르십시오. (　　)
   ① 장하영 씨는 화가이자 음악가이다.
   ② 장하영 씨는 베를린에서 바이올린을 배웠다.
   ③ 장하영 씨는 지금 음악 프로그램을 진행하고 있다.
   ④ 주위 사람들이 장하영 씨에게 미국 유학을 추천했다.

단어장
콩쿠르
청취자
음대
계기

이야기해 봅시다

• 여러분 나라의 유명한 사람을 소개해 보십시오.

이름	
직업	
유명한 이유	

• 다음은 신문 기사의 제목입니다. 다음을 보고 무슨 내용일지 추측해 봅시다.

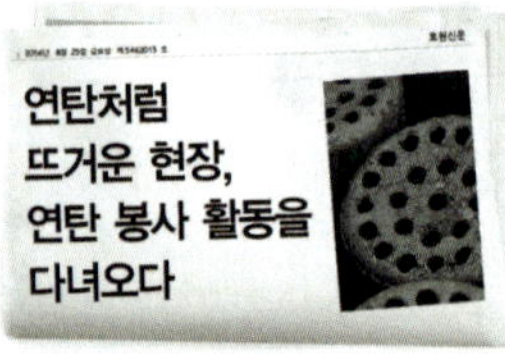
연탄처럼
뜨거운 현장,
연탄 봉사 활동을
다녀오다

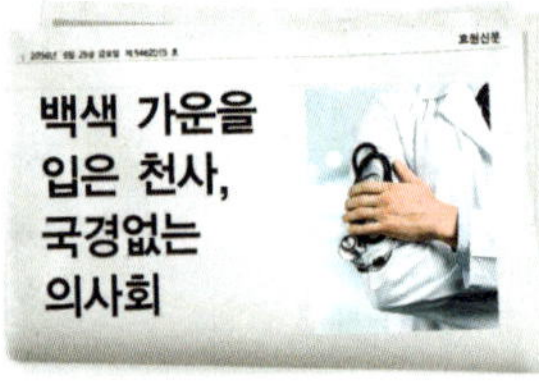
백색 가운을
입은 천사,
국경없는
의사회

민간 구조대
'화이트헬멧'
인명구조에
앞장 서

◉ 다음 글을 읽고 물음에 답하십시오.

"바보 소리 들으면 성공한 거야."

1909년 평안북도에서 태어난 장기려 박사는 경성의학전문학교(현, 서울대학교 의과대학)을 마치고 일본에서 의학 박사학위를 받았다. 귀국 후 평양에 있는 병원에서 근무하면서 학생들을 가르치던 중 한국전쟁이 일어났다. 급하게 남쪽으로 피난을 떠나느라 3남 3녀 중 둘째 아들 한 명만 데리고 내려오게 되었다. 박사는 다른 가족과 함께 오지 못한 죄책감으로 평생을 독신으로 살았다. 이후 부산에 정착하여 병원을 세우고 병자들을 치료하는 한편, 부산대학교, 서울대학교 등에서 학생들을 가르치기도 하였다.

'한국의 슈바이처'로 불리는 장기려 박사는 피난민들과 전쟁에서 다친 군인들, 가난한 환자들에게 무료로 진료를 해 주었고 그들을 위한 병원을 세웠다. 집이 없어 병원에서 마련해 준 옥탑방에서 살면서도 생활이 어려운 환자들의 치료비를 자신의 월급으로 내기도 했다. 그리고 한국 최초의 의료보험 조합인 '청십자의료보험조합'을 설립하여 돈이 없는 사람도 치료비 부담 없이 병원 진료를 받을 수 있게 하였다. 그의 감동적인 이야기가 전 세계로 알려져 1979년에는 필리핀 정부가 주는 '막사이사이 사회봉사상'을 수상하였다. 장기려 박사는 특히 부산과 인연이 깊다. 부산에 박사의 기념관이 있을 뿐만 아니라 최근에는 박사의 이름을 딴 '장기려로'도 생겼다.

평생을 사회봉사와 의료사업의 발전을 위해 헌신한 장기려 박사는 북한에 두고 온 가족을 끝내 만나지 못하고 1995년 크리스마스에 생을 마감하였다. 장기려 박사는 지금 우리 곁에 없지만 평생 이웃 사랑을 실천한 분으로 많은 사람들의 가슴 속에 영원히 살아있을 것이다.

단어장

피난
죄책감
독신
정착하다
옥탑방
의료보험조합
수상하다
이름을 따다
헌신하다
생을 마감하다

1. 각 문단의 내용을 정리해 보십시오.

문단	소제목	내용
1	장기려 박사의 일생	
2	장기려 박사의 봉사 정신과 업적	
3	마무리	

2. 이 글의 내용과 다른 것을 고르십시오. (   )
   ① 장기려 박사는 평생 헌신적으로 의료봉사를 했다.
   ② 장기려 박사는 불쌍한 사람들을 위한 학교를 설립했다.
   ③ 장기려 박사는 죽을 때까지 북한에 있는 가족을 만나지 못했다.
   ④ 장기려 박사는 가족에 대한 미안함으로 결혼하지 않고 평생 혼자 살았다.

단어장

이야기해 봅시다

- 여러분이 가지고 있는 재능으로 다른 사람들을 도와주고 행복하게 해 줄 수 있다면 여러분은 어떤 일을 하고 싶습니까?

◉ 여러분 인생에 변화를 준 것(책, 영화, 사람, 일 등)을 소개해 보십시오.

처음	인생에 변화를 준 것	
가운데	구체적인 변화 과정	
	인생에 끼친 영향	
끝	마무리	

▶ 위의 글을 원고지에 써 보십시오.

5과 관용어와 의태어

관용어

바가지를 쓰다	본래 가격보다 더 비싼 가격으로 물건을 사서 손해를 보다

가 : 지난 여름에 해운대에 있는 모텔에서 묵었는데 너무 비쌌어.
나 : 얼마였는데?
가 : 1박에 30만 원이었어.
나 : 너 바가지 썼구나. 나는 예전에 10만 원이었는데…….

의태어

느릿느릿	동작이 매우 느린 모양
두근두근	몹시 놀라거나 불안하여 자꾸 가슴이 뛰는 모양

1. 가 : 추석 연휴라서 그런지 도로가 많이 막히네.
   나 : 그래. 차들이 너무 ______________ 가는 것 같아.
   가 : 우리 신나는 노래라도 들을까?
   나 :그래. 기분 전환이라도 하자.

2. 가 : 오늘 2시에 대학교 합격자 발표를 해.
   나 : 정말 떨리겠다.
   가 : 응. 가슴이 ______________ 해서 점심도 못 먹었어.
   나 : 너무 걱정하지 마. 꼭 합격할 거야.

6과 휴대전화를 잃어버렸어요.

학습목표

| **대화** 분실 신고하기
| **읽고 말하기** 모바일 미아 찾기

| **듣기** 디지털 치매 증후군
| **읽기** 지하철 유실물 찾기
| **쓰기** 디지털 시대

| **문법과 표현 1** -는 바람에
| **문법과 표현 2** -곤 하다

| **관용어와 의태어**
시치미를 떼다
뒹굴뒹굴 / 들락날락

6과 대화 분실 신고하기

16

직 원 : 어서 오세요. 무엇을 도와 드릴까요?

송 영 : 저, 휴대폰을 잃어버렸는데요. 어떻게 하면 될까요?

직 원 : 분실 신고와 사용 정지 신청을 하셔야겠네요. 휴대폰은 본인 명의시죠?

송 영 : 네, 맞습니다.

직 원 : 그럼 신분증을 좀 주시겠습니까?

송 영 : 외국인등록증을 드려도 되지요?

직 원 : 네, 괜찮습니다.

송 영 : 여기 있습니다.

직 원 : 언제 분실하셨습니까?

송 영 : 오늘 아침에요. 지하철에서 서둘러 내리는 바람에 두고 내린 것 같아요.

직 원 : 그러셨군요.

송 영 : 저, 그런데 누가 제 전화기를 사용하면 어떡하나요?

직 원 : 사용 정지 중에는 발신이 되지 않으니 걱정 안 하셔도 됩니다. 전화기를 찾으면 사용 정지를 해지하시고 사용하세요.

송 영 : 사용 정지 해지는 어떻게 하나요?

직 원 : 직접 오셔서 해도 되고 인터넷 홈페이지나 전화로도 가능합니다.

송 영 : 네, 알겠습니다.

이야기해 봅시다

단어장
- 명의
- 해지하다
- 찢어지다
- 수표

• 다음의 내용으로 위의 **대화**처럼 친구와 대화해 보십시오.

분실물	방법	이유	처리
휴대폰	분실 신고, 사용 정지 신청	지하철에서 서둘러 내리다	발신이 되지 않다
신용카드	카드 사용 정지 신청	일본여행 중에 가방이 찢어지다	카드로 결제가 되지 않다
수표	분실 신고	마트에 갔다가 지갑을 잃어버리다	수표를 쓸 수 없다

6과 문법과 표현 1

-는 바람에

부정적인 일이 원인이 되어 예상하지 못한 일이나 부정적인 결과가 발생할 때 사용한다.

예문

소피아 : 꾸언 씨, 오늘은 좀 늦었네요.
꾸 언 : 지하철에서 조는 바람에 내릴 역을 지나쳐 버렸어요.
소피아 : 많이 피곤해 보여요. 좀 쉬는 게 좋을 것 같아요.
꾸 언 : 걱정해 줘서 고마워요. 찜질방에 가서 피로를 좀 풀어야겠어요.

연습

1. 가 : 제임스 씨, 오늘 출국한다더니 왜 아직 안 갔어요?
   나 : ______________________

2. 가 : 기무라 씨, 오늘은 왜 8층까지 계단으로 걸어 왔어요?
   나 : ______________________

3. 가 : 이번 주말로 예정된 콘서트가 왜 취소됐나요?
   나 : ______________________

4. 가 : 어제 나를 기다리겠다고 했잖아. 왜 먼저 갔어?
   나 : ______________________

말해 봅시다

예문 과 같이 대화해 보십시오.

상황	이유	조언
늦다	지하철에서 졸다	쉬다
눈에 멍이 들다	야구를 하다가 얼굴에 공을 맞다	찜질을 하다
결석을 하다	상한 음식을 먹고 배탈이 나다	죽을 먹다

단어장
멍이 들다

-곤 하다

같은 일이 반복되거나 어떤 행동을 자주 할 때 사용한다.

예문

제임스 : 퇴근하면 보통 뭐 해요?
안 나 : 예전에는 집에만 있었는데 요즘은 운동을 해서 수영장에 자주 가곤 해요.
제임스 : 그래요? 저도 캐나다에 있을 때 자주 수영을 하곤 했어요.
안 나 : 잘 됐네요. 내일 일이 끝나면 나랑 같이 수영하러 갈래요?

연습

1. 가 : 이 식당 오랜만이지요?
   나 : 그러네요. 학교 다닐 때 ______________________________
2. 가 : 가족이 보고 싶으면 어떻게 해요?
   나 : 저는 그럴 때마다 ______________________________
3. 가 : 동우 씨, 요즘에는 멜로 영화를 자주 보네요.
   나 : 네. 예전에는 ______________________________
4. 가 : 고향에 계신 부모님께 전화를 자주 드리세요?
   나 : 예전에는 ______________________________

단어장

말해 봅시다

예문 과 같이 대화해 보십시오.

상황	예전에 한 일	요즘 자주 하는 일
퇴근하다	집에 있다	수영장에 가다
시간이 나다	게임을 하다	배낭여행을 하다
명절이 되다	친척집에 가다	고향 음식을 만들어 먹다

미아를 찾습니다

실종당시(만 2세) 현재(예상)

이 름 : 김 지 연(여)
실종 일시 : 2010년 8월 10일 (당시 만 2세)
실종 지역 : 해운대 해수욕장
신체 특징 : 눈썹 위에 큰 점이 있음
연 락 처 : 051-510-3306

※ 연락 주시는 분은 사례하겠습니다.

17

우리는 휴대전화를 통해 여러 종류의 메시지를 받곤 한다. 친구 간의 문자메시지에서부터 광고 메시지까지 다양하다. 특히 광고 메시지는 갈수록 그 내용도 다양해지고 수신 횟수도 늘어나 우리는 메시지를 제대로 보지도 않고 삭제하는 경우가 많다. 그러나 요즘 수신되는 광고 메시지 중에는 눈여겨봐야 할 것이 있다.

기업의 마케팅 전략이 바뀌면서 한 통신 회사에서는 '모바일 미아 찾기' 캠페인을 벌이고 있다. P통신사는 지난 2010년부터 경찰청과 손을 잡고 모바일 미아 찾기 서비스를 제공해 왔다. 휴대전화 고객들에게 미아의 사진과 특징을 메시지로 보내 미아를 찾아내는 방식이다. 2010년 8월 첫 번째 미아가 부모 품으로 돌아간 것을 시작으로 9개월 만에 총 16명의 미아가 가족에게 돌아갈 수 있었다.

그러나 오랫동안 찾지 못한 미아는 얼굴과 신체가 변해서 찾기가 어려워진다. 이에 P통신사는 5년 전부터 전국 약 1800만 명의 고객에게 실종 당시의 사진과 현재의 얼굴로 짐작되는 사진을 함께 보내고 있다. 이 특별한 사진을 활용한 덕분에 미아 찾기가 큰 성과를 거두고 있다.

단어장
- 미아
- 사례하다
- 눈여겨보다
- 전략
- 캠페인을 벌이다
- 손을 잡다
- 품
- 짐작되다
- 성과를 거두다

이야기해 봅시다

- 미아가 생기지 않도록 예방하는 방법과 미아를 찾을 수 있는 방법에는 무엇이 있습니까?

6과 듣기

- 여러분은 '건망증'과 '치매'라는 말을 들어본 적이 있습니까?

18

◉ 다음을 듣고 물음에 답하십시오.

1. 들은 내용을 정리해 보십시오.

디지털 치매 증후군	
사례	•
	•
	•
예방법	•
	•
	•
	•

2. 다음 중 디지털 치매 증후군으로 볼 수 없는 사람을 고르십시오. (　　)
   ① 동우는 자주 부르는 노래도 가사가 없으면 부르지 못한다.
   ② 안나는 단축키로만 전화해서 가족의 번호를 외우지 못한다.
   ③ 제임스는 내비게이션을 끄고 출근하다가 길을 잃을 뻔했다.
   ④ 소피아는 초등학교 친구의 이름을 빨리 기억해 낼 수 없었다.

3. 박사가 말하는 방식으로 가장 알맞은 것을 고르십시오. (　　)
   ① 디지털 치매 증후군의 연구 결과를 분석하고 있다.
   ② 디지털 치매 증후군에 대해 예를 들어 설명하고 있다.
   ③ 디지털 치매 증후군에 대한 다른 의견에 반박하고 있다.
   ④ 디지털 치매 증후군에 대한 잘못된 인식을 지적하고 있다.

단어장
- 건망증
- 치매
- 뇌
- 의존하다
- 감퇴되다
- 애창곡
- 내비게이션
- 진전되다
- 단축키를 누르다
- 인식(하다)
- 지적하다

이야기해 봅시다

- 디지털 시대의 좋은 점과 나쁜 점, 그리고 디지털 시대를 건강하고 지혜롭게 살아가는 방법은 무엇입니까?

읽기

• 다음은 무엇에 관한 순위일 것 같습니까?

제목 :	
1위	가방
2위	휴대전화나 디지털 카메라 등 전자 제품
3위	의류

◉ 다음 글을 읽고 물음에 답하십시오.

"주인님, 저 여기 있어요. 어서 찾으러 오세요!"

누구나 한번쯤 지하철에서 물건이나 짐을 두고 내릴 뻔했거나 실제로 깜박하고 두고 내린 경험이 있을 것이다. 이런 경우 정말 아찔하지 않을 수 없다. 특히 고가의 제품이나 지갑, 핸드폰 등이라면 눈앞이 캄캄할 정도로 당황스러울 것이다.

보통 지하철에 짐을 두고 내리는 경우 누가 함부로 가져가지 않는 한 찾을 수 있다. 열차 출발 직후에 분실 사실을 알았다면 그 즉시 지하철 고객센터로 신고를 해야 한다. 그러나 분실 사실을 늦게 알게 된 경우에는 종착역이나 지하철 유실물센터로 신고하는 것이 좋다. 이때 승차한 열차 칸의 위치와 하차한 시간을 기억해 두면 유실물을 찾기가 수월해진다.

지하철 유실물센터에서는 유실물을 수거하면 먼저 홈페이지에 유실물 정보를 등록한다. 그리고 그 유실물은 유실물센터에서 최대 15일까지 보관된다. 보관 기간에 주인이 나타나면 본인 확인 후에 물건을 인계하지만 보관 기한이 넘었는데도 주인이 나타나지 않을 시에는 경찰청으로 인계된다.

혹시 지하철에서 물건을 잃어버리더라도 조금만 관심을 기울이면 찾을 수 있는 방법이 있으니 낙담하지 말자. 소중한 내 물건이 주인을 기다리고 있을 테니 말이다.

단어장

아찔하다
고가
눈앞이 캄캄하다
종착역
승차하다
하차하다
수월하다
수거하다
인계(하다)
낙담하다

1. 각 문단의 내용을 정리해 보십시오.

문단	소제목	내용
1	분실 후 심정	
2	유실물 신고 방법	
3	유실물 처리 과정	
4	마무리	

2. 이 글의 내용과 다른 것을 고르십시오. (　　)
   ① 지하철 유실물 센터에서는 유실물을 15일 이내에 찾아야 한다.
   ② 지하철에서 분실하면 분실자가 홈페이지에 직접 등록해야 한다.
   ③ 물건을 두고 내린 열차 정보를 알고 있으면 유실물 찾기에 도움이 된다.
   ④ 지하철에서 분실한 사실을 일찍 알았다면 곧바로 지하철 고객센터에 연락해야 한다.

단어장
심정

이야기해 봅시다

- 여러분이 잃어버린 것 중 꼭 찾고 싶은 것이 있습니까? 그것을 찾고 싶은 특별한 이유가 있습니까?

◉ 디지털 시대의 혜택 및 문제점을 쓰고 디지털 시대를 지혜롭게 살아가는 방법에 대해 써 보십시오.

처음	디지털 시대	
가운데	디지털 시대의 혜택	
	디지털 시대의 문제점	
끝	디지털 시대를 지혜롭게 살아가는 방법	

▶ 위의 글을 원고지에 써 보십시오.

6과 관용어와 의태어

관용어

시치미를 떼다	알면서도 모르는 척하거나 했는데도 안 한 척하다

가 : 언니, 아침에 내 가방 메고 나갔지?
나 : 응? 무슨 가방 말하는 거야? 네가 무슨 말 하는지 모르겠어.
가 : 시치미 떼지 말고 사실대로 말해.
내 가방에 이렇게 언니 립스틱이 있는데도 계속 시치미 뗄 거야?

의태어

뒹굴뒹굴	누워서 이리저리 구르는 모양
들락날락	자꾸 들어왔다 나갔다 하는 모양

1. 가 : 집에서 하루 종일 누워만 있고 공부는 안 하니?
나 : 방학이잖아요, 엄마.
가 : 방학이라고 집에서 ______________ 하지 말고 책도 좀 보고 운동도 좀 해라.
나 : 알았어요. 10분만 더 누워 있다가 운동하러 갈게요.

2. 가 : 어제 집에서 시험공부 많이 했어?
나 : 아니. 룸메이트가 자꾸 ______________ 해서 공부에 집중을 못 했어.
가 : 그럼 오늘은 나랑 도서관에 가서 하는 게 어때?
나 : 그래야겠어.

7과 당신은 어떻게 생각하세요?

학습목표

| 대화 금연 구역 확대
| 읽고 말하기 공동생활의 규칙

| 듣기 사형제도
| 읽기 동물 실험에 대한 입장
| 쓰기 동물 실험

| 문법과 표현1 -더니 (1)
| 문법과 표현2 토론 표현

| 관용어와 의태어
가시방석에 앉다
깜박깜박 / 또박또박

7과 대화 금연 구역 확대

19

민 지 : 기무라 씨, 전에 해외여행 갔을 때 보니까 외국에서는 담배 피우는 사람들을 여기저기서 쉽게 볼 수 있던데요?

기무라 : 금연에 대해서 엄격하지 않은 나라가 많이 있죠.

민 지 : 그런 것 같아요. 제 외국인 친구도 다른 부분에서는 남에게 피해가 가지 않도록 엄청 신경 쓰더니 담배는 아무 곳에서나 피우더라고요.

기무라 : 그건 흡연 구역이 부족해서 그런 거예요.

민 지 : 조금 전 뉴스에서 들었는데 정부에서 금연 구역을 확대하려고 한대요. 기무라 씨는 여기에 대해서 어떻게 생각하세요?

기무라 : 저는 반대예요. 담배 연기가 문제이기는 하지만 흡연자들에게도 담배를 피울 권리가 있다고 생각해요. 자꾸만 금연 구역을 넓히면 도대체 어디서 담배를 피우라는 건지 모르겠어요.

민 지 : 하지만 그 권리 때문에 다른 사람들에게 피해를 줘서는 안 된다고 생각해요. 간접흡연이 건강에 더 안 좋다고 하잖아요.

기무라 : 그건 그렇지만 흡연자들도 담배를 피우면서 스트레스를 풀 장소가 필요하지 않겠어요?

민 지 : 아무튼 다른 사람에게 피해를 주면서까지 자기 권리를 주장하는 것은 안 되겠지요.

단어장
엄격하다
확대하다
권리
간접흡연
대책
마련(하다)

이야기해 봅시다

● 금연 구역 확대에 대해서 어떻게 생각합니까? 찬성과 반대 의견으로 나누어 토론해 보십시오.

찬성 의견	반대 의견
• 간접흡연이 직접흡연보다 건강에 더 안 좋다.	• 흡연자들도 담배를 피우면서 스트레스를 푸는 장소가 필요하다.
• 담배 냄새를 싫어하는 사람들의 권리도 생각해야 한다.	• 흡연 구역에 대한 대책 마련이 우선이다.

–더니 (1)

지금의 사실이 과거의 사실과 다름을 나타낼 때 사용한다.

예문

꾸 언 : 왕붕 씨, 예전에는 담배를 많이 피우더니 이제는 안 피우네요?
왕 붕 : 네, 끊었어요.
꾸 언 : 금연이 정말 어렵다던데 힘들지 않았어요?
왕 붕 : 처음에는 죽을 만큼 힘들더니 이제는 괜찮아요.

연습

1. 가 : 요즘에도 짧은 머리가 유행이에요?
   나 : 아니요, 작년에는 ____________________

2. 가 : 이 집 피자가 왜 이렇게 맛이 없죠?
   나 : 그러게요. ____________________

3. 가 : 동생은 요즘도 매주 자원봉사를 해?
   나 : ____________________

4. 가 : 송영 씨, 두통은 좀 어때요?
   나 : ____________________

말해 봅시다

예문 과 같이 대화해 보십시오.

상황 1	상황 2
담배를 많이 피우다 / 끊다	처음에는 죽을 만큼 힘들다 / 이제는 괜찮다
밤새도록 게임을 하다 / 안 하다	처음에는 미칠 것 같다 / 지금은 생각조차 안 나다
운동화를 모으다 / 안 사다	그때는 운동화 수집이 좋다 / 지금은 관심이 없어지다

단어장
자원봉사
두통

토론할 때 사용하는 표현

사회자	토론을 시작할 때	• 여러분, 오늘 토론의 진행을 맡은 ________입니다. • 오늘 -에 대해 토론을 하고자 합니다. / 지금부터 -에 대해 토론을 시작하도록 하겠습니다. • 찬반 의견을 들어보도록 하겠습니다. 먼저 찬성/반대 측부터 말씀해 주십시오.
	화제를 바꿀 때	• 그러면 이번에는 -에 대해서 이야기해 볼까요? • -에 대해서는 충분히 논의된 것 같습니다. 이번에는 -에 대해서 이야기를 나누어 보도록 하겠습니다.
	토론을 정리할 때	• 토론을 정리하기에 앞서 찬반 토론자들의 마지막 주장을 들어보도록 하겠습니다.
	마무리할 때	• 지금까지 -에 대해 토론을 진행해 보았습니다. • 먼저 찬성 측에서는 -라는 의견을 말씀해 주셨고, 반대 측에서는 -라는 의견을 말씀해 주셨습니다. • 토론에 참여해 주신 여러분께 감사드리며 이상으로 -에 대한 토론을 마치도록 하겠습니다.
토론자	찬성 측 발언	• 저는 -에 대해 찬성합니다. / 저는 -에 대해 찬성 의견을 말씀드리고자 합니다.
	반대 측 발언	• 저는 -에 대해 반대합니다. / 저는 -에 대해 반대 의견을 말씀드리고자 합니다.
	동의할 때	• 저도 -씨의 의견에 동의합니다. 그 이유는 • -다는 점에서 -씨의 의견에 동의합니다.
	반박할 때	• 그 말도 일리가 있지만 • 저는 -다고 생각하지 않습니다. • 저는 -다는 점에서 문제가 있다고 생각합니다.
	주장의 근거를 말할 때	• 저는 -다는 점에서 -다고 생각합니다.

입주민께 알립니다!

최근 밤늦게까지 개, 고양이의 울음소리나 짖는 소리, 아파트 내 배설물 때문에 입주민들로부터 계속해서 항의가 들어오고 있습니다. 개나 고양이를 키우는 세대는 외출 시 개, 고양이에게 목줄을 반드시 하고, 배설물은 꼭 치워 주시기 바랍니다. 또한 밤늦게까지 짖지 않도록 주의해 주시기 바랍니다. 이웃에게 피해가 가지 않도록 공동주택의 생활 질서를 꼭 지켜 주시기 바랍니다.

-관리실-

20

송 영 : 아파트에서 동물 키우는 사람은 정말 조심해야 할 것 같아요.

꾸 언 : 맞아요. 우리 옆집과 윗집에서 개를 키우는데 개 짖는 소리가 너무 커서 잠을 못 자겠더라고요. 게다가 며칠 전에는 개 배설물 때문에 아파트 계단에서 미끄러질 뻔 했어요. 어찌나 화가 나던지……. 아파트에서 반려동물을 키우는 건 무조건 금지해야 해요.

송 영 : 하지만 개나 고양이를 키우는 것을 무조건 금지하는 것은 너무 지나친 거 아닐까요? 반려동물을 키우는 사람들이 책임감을 가지고 다른 사람에게 피해를 주는 행동을 하지 않으면 괜찮다고 생각해요.

꾸 언 : 무슨 말이에요? 아파트는 공동생활을 하는 곳인데 내가 개를 좋아한다고 해서 다른 사람까지 좋아할 거란 생각은 버려야 해요. 개를 키우고 싶으면 단독주택으로 이사를 가야지요.

송 영 : 그것보다 반려동물 관리에 대해 좀 더 엄격한 법을 만들면 나아지지 않을까요? 예를 들어 목줄 없이 개를 데리고 다니는 사람, 배설물을 치우지 않는 사람, 아파트에서 동물의 소음을 방치하는 사람 등에게 많은 벌금을 물게 하면 좀 더 조심할 거라고 생각해요.

단어장

입주민
짖다
배설물
항의(하다)
세대
목줄
소음
방치하다
벌금을 물다

이야기해 봅시다

- 공동주택에서 지켜야 할 생활 질서에는 어떤 것들이 있습니까?

7과 듣기

• 사형제도 폐지에 대한 사람들의 생각은 어떨까요? 다음 표를 보면서 이야기해 봅시다.

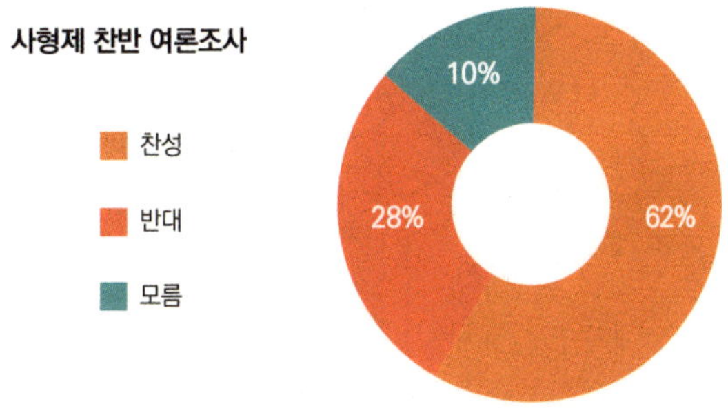

21 ◉ 다음을 듣고 물음에 답하십시오.

1. 들은 내용을 정리해 보십시오.

민지의 의견	
동우의 의견	

2. 들은 내용과 다른 것을 고르십시오. (　　)

① 서울연극제는 이틀 동안 대학로에서 열린다.
② 토론 형태의 연극은 일반적인 연극 형태이다.
③ 두 사람은 뉴스를 듣고 토론을 시작하게 되었다.
④ 두 사람은 상대방의 의견을 일부분 인정하고 있다.

단어장
- 개막하다
- 사형제도
- 토론을 벌이다
- 비인간적
- 살인
- 교도소
- 피해자
- 판단(하다)
- 귀중하다

이야기해 봅시다

• 사형제도에 대해 어떻게 생각합니까?

찬성	반대

• 다음 그림에서 '나'는 누구입니까?

◉ 다음 글을 읽고 물음에 답하십시오.

동물 실험, 과연 필요한가?

(가) 동물 실험은 인간의 과학적 목적을 이루기 위해 동물을 대상으로 실험하는 것을 말한다. 그동안 동물 실험을 통해 많은 치료제를 개발하였다. 사람에게 약을 쓰기 전에 먼저 동물에게 사용해 봄으로써 약의 안전성을 확인할 수 있기 때문이다. 예를 들면, 수술할 때 통증을 느끼지 않도록 해주는 마취제와 당뇨병 치료에 가장 많이 사용되는 인슐린이 동물실험을 거쳐 개발되었다. 만약 이러한 동물 실험이 없었다면 오늘날 다양한 치료제의 개발은 불가능했을 것이다.

(나) 동물과 사람은 다른 생체 구조와 반응을 가지고 있기 때문에 동물 실험의 결과를 모두 받아들일 수는 없다. 즉, 동물에게 안전하다고 해서 사람에게 꼭 안전하다고 볼 수는 없다는 것이다. 실제로 인간과 동물이 공유하는 질병은 1.16%밖에 되지 않는다. 우리나라보다 동물 실험이 많은 미국의 경우, 신약 부작용으로 죽는 사람이 1년에 10만 명 이상 된다고 한다. 이는 동물 실험을 통과한 약도 부작용이 있을 수 있다는 뜻이다.

단어장
- 실험(하다)
- 치료제
- 안전성
- 통증
- 마취제
- 당뇨병
- 인슐린
- 생체
- 반응
- 공유하다
- 신약
- 부작용
- 통과하다

1. 각 문단의 내용을 정리해 보십시오.

문단	소제목	내용
(가)	동물 실험 찬성 이유	
(나)	동물 실험 반대 이유	

2. (가)와 (나)의 관계로 알맞은 것을 고르십시오. (　　)

① (가)는 (나)의 예가 된다.　　② (나)는 (가)의 근거가 된다.

③ (나)는 (가)의 반대 입장이다.　　④ (가)는 (나)의 문제에 대한 해결책이다.

3. 이 글의 내용과 같은 것을 고르십시오. (　　)

① 인간과 동물이 같이 가지고 있는 질병은 아주 적다.

② 1년에 10만 명 이상이 신약의 혜택을 받아 병을 치료했다.

③ 사람에게 신약을 사용했을 때 부작용이 발생하면 동물 실험을 한다.

④ 동물 실험에서 성공한 약은 사람에게 부작용이 나타난 경우가 없었다.

단어장

이야기해 봅시다

- 동물 실험에 대해 여러분은 어떻게 생각합니까?

찬성 / 반대	이유 또는 근거

7과 쓰기

◉ 동물 실험에 대해서 여러분은 어떻게 생각합니까? 주장과 근거를 정리하여 써 보십시오.

처음	동물 실험 현황 및 자신의 입장	
가운데	자신의 입장에 대한 근거	
	반론	
	반론에 대한 반박	
끝	마무리	

▶ 위의 글을 원고지에 써 보십시오.

7과 관용어와 의태어

관용어

가시방석에 앉다	불안한 느낌이 들다

가 : 어제 여자 친구 집에 인사드리러 간다고 했지? 어땠어?
나 : 아버님이 너무 무서운 분이라서 밥 먹는 내내 가시방석에 앉은 것 같았어.
가 : 소화도 안 됐겠다. 그렇게 무서웠어?
나 : 처음엔 그랬는데 알고 보니 그렇게 무서운 분은 아니었어.

의태어

깜박깜박(깜빡깜빡)	빛 등이 자꾸 어두워졌다 밝아졌다 하는 모양
또박또박	말이나 글씨 등이 조리 있고 또렷한 모양

1. 가 : 내가 휴대폰을 어디에 뒀을까? 생각이 안 나네.
   나 : 엄마! 화장실에 휴대폰이 있던데 이거 엄마 거 맞죠?
   가 : 아, 맞다! 요즘 내가 자꾸 ______________하네.
   나 : 괜찮아요. 저도 가끔 그럴 때가 있어요.

2. 가 : 글씨가 왜 이 모양이니? 글씨에 신경 좀 써야겠다.
   나 : 예쁘게 쓰려고 노력하는데 잘 안 돼요.
   가 : 빨리 쓰려고 하지 말고 천천히 ______________ 써야지.
   나 : 네. 천천히 쓰려고 노력해 볼게요.

8과 제 부탁 좀 들어주실래요?

학습목표

| **대화** 부탁과 거절
| **읽고 말하기** 적절하게 거절하기

| **듣기** 불편 및 불만 사항
| **읽기** 화장실 문화
| **쓰기** 건의하기

| **문법과 표현1** -더니 (2)
| **문법과 표현2** -는데도

| **관용어와 의태어**
한 우물을 파다
벌컥벌컥 / 불쑥불쑥

대화 부탁과 거절

22

꾸 언 : 민지, 우리 동아리방에는 웬일이야?

민 지 : 오늘 수업 끝났어?

꾸 언 : 아니, 3시 수업 하나 더 남았어. 근데, 그거 물어보려고 여기까지 온 건 아닐 테고. 나에게 무슨 할 말이라도 있어?

민 지 : 실은 부탁이 좀 있어서…….

꾸 언 : 무슨 부탁인데?

민 지 : 그게. 음…….

꾸 언 : 무슨 부탁이길래 이렇게 뜸을 들이는 거야?

민 지 : 우리 집 강아지 몽실이 알지?

꾸 언 : 알지, 그럼. 작년에 나하고 유기견 보호센터에 가서 입양한 강아지잖아.

민 지 : 내가 다음 주에 3박 4일로 졸업여행을 가거든. 그런데 그 강아지를 맡길 데가 없어서……. 나 대신 몽실이를 좀 맡아 줄 수 있어?

꾸 언 : 나도 그러고 싶은데 요즘 졸업 논문 준비로 너무 바빠서……. 참, 요즘 동물 호텔 같은 곳도 잘 되어 있다던데 그곳에 맡기면 안 돼?

민 지 : 지난번에 동물 호텔에 맡겼더니 스트레스를 많이 받은 것 같더라고. 버려진 경험이 있어서 그런지 낯선 환경에 대한 두려움이 있어.

꾸 언 : 사정은 잘 알겠는데 이번 부탁은 들어줄 수 없을 것 같아. 논문 준비 때문에 다른 곳에 신경을 쓸 여유가 없어. 미안해서 어떡하지?

민 지 : 괜찮아. 어쩔 수 없지 뭐. 다른 친구에게 부탁해 볼게. 신경 쓰지 마.

이야기해 봅시다

단어장
- 뜸을 들이다
- 유기견 보호센터
- 입양하다
- 맡기다

• 다음의 내용으로 위의 **대화**처럼 친구와 대화해 보십시오.

부탁하기		거절 이유
부탁할 일	이유	
강아지를 맡기다	졸업여행을 가다 / 강아지를 맡길 데가 없다	졸업 논문 준비로 바쁘다
정장을 빌리다	면접을 보러 가다 / 내 정장은 유행이 많이 지나다	친척 결혼식에 참석해야 하다
책을 반납하다	오후 6시까지 반납해야 하다 / 아르바이트를 가야 하다	친구를 마중하러 공항에 가다

-더니 (2)

과거의 일이나 행동으로 어떤 결과가 생겼음을 나타낸다.
주어가 1인칭일 때 '-았/었더니' 형태로 쓴다.

예 문

왕 붕 : 눈이 왜 그래요? 많이 충혈됐네요.
소피아 : 어제 밤새도록 시험공부를 했더니 그런 것 같아요.
왕 붕 : 얼마 전에 동우 씨도 비를 맞아 가면서 축구 연습을 하더니 독감에 걸렸대요.
소피아 : 아, 그런 일이 있었군요.

연 습

1. 가 : 너, 또 위장약 먹어? 소화가 안 돼?
   나 : 바쁘다고 정크 푸드만 ______________________
2. 가 : 왜 이렇게 피부가 상했어?
   나 : ______________________
3. 가 : 너, 요즘 ______________ 달라졌네.
   나 : 너도 한번 해 봐.
4. 가 : 민지 동생이 가수가 되었대.
   나 : 그래? 어릴 때부터 ______________________

말해 봅시다

예 문 과 같이 대화해 보십시오.

자기에게 생긴 일	동우에게 생긴 일
눈이 충혈되다 / 밤새도록 시험공부를 하다	비를 맞아가며 축구 연습을 하다 / 독감에 걸리다
다리가 붓다 / 어제 자전거를 타고 울산에 가다	마라톤 대회에 갔다 오다 / 몸살이 나다
머리숱이 많이 줄다 / 취업 준비로 신경을 많이 쓰다	집 계약 문제로 고민하다 / 불면증이 생기다

단어장
머리숱
불면증

-는데도

예상되는 일과 반대되는 결과를 나타낸다. '불구하고'와 같이 쓸 수 있다.

예문

꾸 언 : 운전면허시험을 쳤다면서요? 면허증 땄어요?
송 영 : 아니요. 운전 연습을 열심히 했는데도 자꾸 떨어지네요. 긴장을 많이 하는 게 문제인 것 같아요
꾸 언 : 저는 시험 치기 전에 심호흡을 했더니 긴장이 많이 풀렸어요. 송영 씨도 한번 그렇게 해보세요.
송 영 : 네. 좋은 방법 알려 줘서 고마워요.

연습

1. 가 : 얼굴이 피곤해 보이네요.
   나 : 어젯밤에 일찍 ______________________

2. 가 : 어제 기침이 심하던데 오늘은 좀 어때요?
   나 : 병원에도 가고 약도 ______________________

3. 가 : 추석 연휴가 5일이나 되네요. 무슨 계획 있어요?
   나 : ______________ 저는 일 때문에 쉬기는 힘들 것 같아요.

4. 가 : 거기 112지요? 오토바이 폭주족 때문에 너무 무서워요. 요즘 단속을 안 하시나요?
   나 : 저희가 매일 ______________________

말해 봅시다

예문 과 같이 대화해 보십시오.

준비	예상과 다른 결과	조언
운전면허증 따다	운전 연습을 열심히 하다 / 자꾸 떨어지다	심호흡을 하다
취업하다	서류 준비를 잘 하다 / 면접에서 떨어지다	선배들과 면접 스터디를 하다
담배를 끊다	금연 껌을 씹다 / 끊기가 힘들다	금연 치료 센터에 다니다

단어장
심호흡을 하다
폭주족
단속하다
껌을 씹다

8과 읽고 말하기 적절하게 거절하기

23

자신이 곤란한 상황인데도 불구하고 친구의 부탁을 거절하지 못하는가? 작은 손해를 봤을 경우, 대단한 것이 아니라면서 참고 넘어간 적이 많은가? 무례한 이웃이나 이기적인 동료들 때문에 화가 나는데도 그냥 참는가?

우리는 어릴 때부터 다른 사람에게 좋은 평가를 받기 위해 상대방을 먼저 배려하고 상대방의 요구를 무조건 들어주는 것을 당연하게 생각하며 자랐다. 하지만 너무 상대방에게 맞추는 삶을 살다 보면 종종 나의 의도와 상관없는 결정을 내리게 되고 결국 거절을 잘 못하는 사람이 된다. 살아가면서 우유부단한 성격만큼 자신을 답답하게 만드는 것은 없다. 자신의 마음이 편해지려고 하니 남이 신경 쓰이고 남을 배려하려고 하니 자신이 힘들다. 이렇게 갈팡질팡하다가 어중간한 선택을 하게 되고 결국에는 자신뿐만 아니라 주변 사람들까지 스트레스를 받게 만든다.

이런 상황에서 벗어나기 위해서는 '아니요'라고 말할 수 있는 용기가 필요하다. 다른 사람을 기쁘게 하려고 노력하는데 자기 자신에게는 화가 나 있다면 이제는 용기를 내 보자. 그리고 주변 사람들의 마음을 상하지 않게 하면서 적절하게 거절해 보자!

단어장
- 넘어가다
- 무례하다
- 이기적이다
- 우유부단하다
- 배려하다
- 어중간하다

이야기해 봅시다

- 여러분도 혹시 예스맨, 예스우먼이 아닙니까?

8과 듣기

• 다음 사진을 보고 이야기해 보십시오.

24

◉ 다음을 듣고 물음에 답하십시오.

1. 들은 내용을 정리해 보십시오.

	불편 사항 및 불만 사항	건의 및 제보
소피아		
왕붕		

2. 들은 내용과 같은 것을 고르십시오. (　　)
   ① 한국의 길거리에서는 휴지통을 찾기 어렵다.
   ② 왕붕은 버스기사의 난폭 운전으로 교통사고를 당했다.
   ③ 소피아는 쓰레기를 함부로 버리는 사람 때문에 불쾌했다.
   ④ 한국에서는 불만 사항을 말하려면 시청에 직접 찾아 가야 한다.

단어장
쓰레기 종량제
실시하다
난폭 운전
무시하다
건의하다
제보하다

이야기해 봅시다

• 한국 생활을 하면서 불편 사항이나 불만 사항을 느낀 적이 있습니까?

• 다음 그림은 달라진 화장실 문화를 나타낸 그림입니다. 그림을 보고 이야기해 보십시오.

◉ 다음 글을 읽고 물음에 답하십시오.

휴지도 변기에, 악취도 변기에, 불쾌감도 변기에

누구나 하루에도 수차례 드나드는 곳, 바로 화장실이다. 사찰에서는 화장실을 '해우소'-걱정을 해소시키는 곳-라고 부르는 것처럼 쾌적한 화장실을 이용하는 것은 우리가 편안한 생활을 하는 데 필수적인 요소일 것이다.

하지만 얼마 전까지 한국을 방문한 외국인들은 그동안 한국의 공중화장실을 이용하면서 상당한 불쾌감을 느꼈다고 한다. 그것은 바로 화장실에 설치된 휴지통 때문이다. 사용된 휴지가 그대로 노출이 되어 잔뜩 쌓여 있는 모습은 외국인들에게는 낯설고 당황스러운 모습이었을 것이다. 그래서 한국을 방문한 외국인들이 개선해야 할 한국 문화로 화장실 휴지통을 꼽았다고 한다.

이러한 문제가 언론을 통해 자주 보도되면서 화장실 문화를 개선하려는 움직임이 나타나 일부 지하철역이나 학교 등에서 화장실 휴지통을 없애기 시작했다. 이러한 움직임이 쾌적한 화장실 문화 캠페인으로 확산되면서 정부에서는 2018년 1월 1일부터 모든 공중화장실의 휴지통을 없애도록 했다.

서울 교통 공사에서 조사한 자료에 따르면 이용시민의 71%가 이 제도를 긍정적으로 평가했다. 특히 위생적으로 관리가 잘되고 있다는 의견이 83%, 악취 제거로 쾌적해졌다는 의견이 79%, 이용이 편리하다는 의견이 88%로 높은 만족도를 나타냈다.

불편함은 불편함에 익숙해진 사람들 눈에는 잘 보이지 않는다. 하지만 누군가의 눈에는 불편하고 불쾌한 것이 있을 수 있다. 불편함을 호소하는 사람들의 목소리에 귀를 기울이고 불편함을 개선하려는 의지와 적극적인 실천은 우리 사회를 더 편하고 아름답게 만들 것이다.

단어장

- 악취
- 사찰
- 상당하다
- 언론
- 위생적
- 호소하다
- 귀를 기울이다

1. 각 문단의 내용을 정리해 보십시오.

문단	소제목	내용
1	화장실의 중요성	
2	외국인이 바라본 한국의 화장실	
3	화장실 휴지통 제거 과정	
4	화장실 휴지통 제거 후 평가	
5	마무리	

2. 이 글의 내용과 같은 것을 고르십시오. (　　)

① 화장실 휴지통 제거는 정부에서 먼저 시행하여 전국적으로 확산되었다.
② 화장실 휴지통 제거 후 이용 시민의 과반수가 만족스럽다는 평가를 했다.
③ 2018년 1월 1일 이후부터 한국의 모든 화장실에 휴지통이 설치되어 있다.
④ 한국을 방문한 외국인들은 공중 화장실 수가 부족해서 불쾌감을 나타냈다.

단어장
제거(하다)
시행하다

이야기해 봅시다

- 한국의 공공시설 중 개선되어야 할 것에는 어떤 것이 있습니까?

◉ 부산시청에 건의하고 싶은 사항을 써 보십시오.

자기소개	
불편 사항 및 불만 사항	
개선 방향	

▶ 위의 글을 원고지에 써 보십시오.

8과 관용어와 의태어

관용어

한 우물을 파다	한 분야의 일만 고집하여 하다

가 : 친환경 사업을 하신다면서요?
나 : 네. 그런데 요즘 경기가 나빠서 사업이 힘드네요.
이 일을 계속 할 수 있을지 모르겠어요.
가 : 친환경 사업은 전망이 나쁘지 않아요.
꾸준하게 한 우물을 파면 언젠가는 성공할 거예요.
나 : 정말 그럴까요?

의태어

벌컥벌컥	물이나 술을 급하게 많이 마시는 소리나 모양
불쑥불쑥	갑자기 나타나는 모양

1. 가 : 제임스 씨에게 무슨 일 있어요?
나 : 왜요?
가 : 어제 회식 자리에서 소주를 ______________ 마시던데.
나 : 제임스 씨가 이번 승진 시험에 떨어졌어요. 동기들은 다 합격했는데 혼자 떨어져서 많이 속상해 하더라고요.

2. 가 : 학교 앞 사거리에 교통 단속 좀 하면 좋겠어요.
차들이 씽씽 달리고 갑자기 오토바이도 ______________ 나타나서 정말 위험해요.
나 : 맞아요. 학교 앞에는 제한 속도가 30인데.
가 : 통학 시간에는 사고가 날까 봐 늘 불안 불안해요.
나 : 다음에 학부모 회의에서 건의합시다.

9과 입장 바꿔 생각해 봐.

학습목표

| **대화** 소통하기
| **읽고 말하기** 인간관계

| **듣기** 칼퇴근
| **읽기** 님비 현상
| **쓰기** 님비 현상

| **문법과 표현 1** -기 마련이다
| **문법과 표현 2** -(으)ㄹ 수밖에 없다

| **관용어와 의태어**
파리만 날리다
비틀비틀 / 살금살금

9과 대화 소통하기

25

송 영 : 무슨 고민 있어? 얼굴이 안 좋아 보인다.

동 우 : 휴.

송 영 : 왜? 성적 때문이야? 아니면 여자 친구 문제야?

동 우 : 아니야. 그런 거.

송 영 : 그럼 무슨 일인데?

동 우 : 사실은 남동생이 요즘 방 밖으로 안 나와.

송 영 : 정말? 무슨 일 때문에 그런 건데?

동 우 : 학교에 통 적응을 못하는 것 같아.

송 영 : 언제부터 그랬는데?

동 우 : 예전부터 학교에 가기 싫다고는 했는데 큰 문제는 없었거든.
그런데 며칠 전부터 말을 걸어도 이야기를 안 하고 학교에도 안 가.

송 영 : 우선 그 이유를 먼저 알아야 할 것 같아. 어떤 일이든 이유가 있기 마련이잖아. 학교 선생님을 한번 만나 봐.

동 우 : 알겠어. 우선 선생님을 만나서 상담을 해야겠어. 걱정해줘서 고마워.

이야기해 봅시다

단어장
이직하다

• 다음의 내용으로 위의 **대화**처럼 친구와 대화해 보십시오.

문제	소통 및 해결 방법
남동생이 방 밖으로 안 나오다	우선 그 이유를 먼저 알아야 하다 / 학교 선생님을 만나다
아버지가 매일 술을 드시고 늦게 퇴근하다	아버지와 대화를 해야 하다 / 여행을 하면서 대화를 나누다
남편이 자주 이직하다	자기 적성을 찾도록 도와줘야 하다 / 새로운 직업을 찾을 때까지 기다리다

문법과 표현 1

-기 마련이다

어떤 일이 당연히 그렇게 되거나 그럴 것이라는 뜻을 나타낸다.

예 문

송 영 : 요즘 날씨가 너무 더워서 밖에 나갈 수가 없어.
민 지 : 그렇게 더워? 나는 참을 만한데.
송 영 : 빨리 여름이 지나갔으면 좋겠다.
민 지 : 여름이 지나면 가을이 오기 마련이니까 조금만 더 참아.

연 습

1. 가 : 너무 배가 고파 급하게 먹었더니 체했나 봐요.
   나 : 급하게 먹으면 ____________________
2. 가 : 3주 전에 냉장고에 넣어 둔 음식이 다 상했어요.
   나 : 아무리 냉장고에 넣어 뒀더라도 ____________________
3. 가 : 우리 아이는 누구를 닮았는지 모르겠어요. 책을 통 안 읽어요.
   나 : 누구를 닮았겠어요. 아이는 ____________________
4. 가 : 내 친구는 여자 친구가 생기더니 외모에 굉장히 신경을 써요.
   나 : ____________________

말해 봅시다

예 문 과 같이 대화해 보십시오.

상황	당연한 일	
날씨가 덥다 / 밖에 나갈 수 없다	여름이 지나가다	가을이 오다
주름이 많다 / 거울을 보기가 싫다	나이가 들다	주름이 생기다
코를 골다 / 룸메이트에게 미안하다	피곤하다	코를 골다

단어장
주름
코를 골다

-(으)ㄹ 수밖에 없다

그 방법 밖에는 없다는 것을 나타낸다. 그리고 어떤 일에 대하여 당연히 그렇게 될 때 사용하기도 한다.

예 문

왕 붕 : 추석 기차표를 예매했어요?
동 우 : 아니요. 비행기표를 예매했어요.
왕 붕 : 비행기표는 비싸지 않아요?
동 우 : 비싸긴 한데 기차표가 매진되어서 비행기표를 예매할 수밖에 없었어요.

연 습

1. 가 : 너 휴대전화 또 새로 샀어? 바꾼 지 얼마 안 됐잖아.
   나 : 어제 물에 빠뜨렸는데 수리가 안 돼서 ______________________
2. 가 : 왜 갑자기 고향으로 돌아가려고 그래?
   나 : ______________________
3. 가 : 왜 잘 다니던 직장을 그만 두려고 하는 거야?
   나 : ______________________
4. 가 : 오늘 아이 생일이라면서 왜 아직 퇴근 안 해요?
   나 : ______________________

단어장

말해 봅시다

예 문 과 같이 대화해 보십시오.

원한 일	어쩔 수 없이 한 일	이유
추석 기차표를 예매하다	비행기표를 예매하다	기차표가 매진되다
하와이로 신혼여행을 다녀오다	신혼여행지를 변경하다	화산이 폭발하다
그 집에서 계속 살다	다른 집으로 이사를 가다	주인이 재계약을 안 해주다

26

인간관계를 잘 맺는 방법은 뭘까?
인맥 왕이라고 불리는 박시현 씨와 김미선 씨에게 물었다.

박시현 : 인간관계를 잘 맺기 위해서는 먼저 상대방의 관심이 무엇인지 아는 것이 제일 중요하다고 생각합니다. 모든 사람에게 진심으로 관심을 보이면 친구가 될 수 있습니다. "사람들은 자신에게 관심을 보이는 사람에게 관심을 갖는다."고 말했던 유명한 시인의 말처럼 상대방의 관심사를 화제로 삼아 대화하십시오. 그러면 인간관계는 깊고 넓어질 것입니다.

김미선 : 대부분의 사람들은 대화를 할 때 다음에 자신이 무슨 이야기를 할 것인가에 골몰해서 상대방의 이야기는 거의 듣지 않습니다. 인간관계를 잘 맺기 위해서는 말을 잘 하는 것도 중요하지만 상대방의 이야기를 듣는 것이 더 중요합니다. 이 때 상대방이 말하고 싶은 것을 충분히 말할 수 있도록 경청해야 합니다. 이야기를 집중해서 들어주는 것만큼 상대방을 기분 좋게 하는 일은 없습니다.

성공적인 사회생활을 위해 원만한 인간관계는 선택이 아닌 필수이다. 당신은 어떻게 하면 인간관계를 잘 맺을 수 있다고 생각하는가?

단어장
인간관계를 맺다
인맥
화제로 삼다
골몰하다
경청하다

이야기해 봅시다

• 인간관계를 잘 맺는 방법은 무엇이라고 생각합니까?

방법	그 이유

9과 듣기

- 여러분의 생각과 한국 사람들의 생각이 달라서 놀라거나 이해하기 힘들었던 일이 있습니까?

27

◉ 다음을 듣고 물음에 답하십시오.

1. 들은 내용을 정리해 보십시오.

칼퇴근의 의미	
칼퇴근에 대한 여자의 생각	

2. 들은 내용과 같은 것을 고르십시오. (　　)
   ① 민수 씨는 지금까지 칼퇴근을 한 적이 없다.
   ② 한국에서는 퇴근 시간이 되어도 당당하게 퇴근하지 못한다.
   ③ 한국에서는 자기 일을 끝내면 시간과 상관없이 퇴근할 수 있다.
   ④ 여자는 동료와 퇴근 시간을 맞추는 것을 효율적이라고 생각한다.

단어장

칼퇴근
눈치를 보다
살금살금
당당하다

이야기해 봅시다

- 여러분은 칼퇴근에 대해서 어떻게 생각합니까?

9과 읽기

• 님비(NIMBY)현상과 핌비(PIMBY)현상에 대해 알고 있습니까?

◉ 다음 글을 읽고 물음에 답하십시오.

우리 동네는 안 돼!

우리 사회의 집단 이기주의가 문제가 되고 있다. 얼마 전 P시에서 장애인 교육 시설과 노숙자 보호 시설을 만들려고 했다. 그러나 주민들이 공사를 방해해 무기한 연기되었다. 주민들은 장애인 교육 시설과 노숙자 보호 시설을 복지시설이 아닌 혐오 시설로 여겨 '집값이 떨어진다, 불안하다' 등의 이유로 반발한 것이다. 이처럼 자신이 사는 지역에 이익이 되지 않는 공공시설을 꺼리는 집단 이기주의를 님비현상이라고 한다.

님비현상이 문제가 되는 이유는 집단의 이익을 추구하는 과정에 심각한 문제가 있기 때문이다. 자신의 이익은 주장하지만 타인의 이익은 받아들이지 않는 것, 공공의 이익보다 개인의 이익을 앞세우는 것, 자신의 의견을 주장하는 방법이 비민주적이고 비합리적이라는 것 등이 문제가 된다.

공동체가 잘 운영되기 위해서는 개인과 정부 모두의 노력이 필요하다. 먼저 개인은 자신의 이익보다는 집단의 이익이 우선시되어야 할 때가 있다는 것을 알아야 한다. 무조건적인 반대보다는 사회적 필요성을 한 번 더 생각해봐야 한다. 또한 정부는 지역 주민들의 의견을 충분히 듣고 정책에 반영하는 과정을 거쳐야 한다. 지역 주민에게 해당 시설의 입지로 인한 보상을 하고 불이익에 따른 대응책도 제시해야 한다.

단어장

- 집단 이기주의
- 노숙자
- 혐오 시설
- 반발하다
- 꺼리다
- 앞세우다
- 비민주적
- 비합리적
- 반영하다
- 보상
- 대응책

1. 각 문단의 내용을 정리해 보십시오.

문단	소제목	내용
1	님비 현상의 예	
2	님비 현상이 문제가 되는 이유	
3	개인과 정부의 역할	

2. 이 글의 중심생각으로 알맞은 것을 고르십시오. (　　)
   ① 혐오 시설을 지을 때는 개인의 이익을 우선시해야 한다.
   ② 장애인 교육 시설을 만들 때는 주민들이 앞장서야 한다.
   ③ 정부는 장애인 시설과 노숙자 시설을 많이 만들어야 한다.
   ④ 사회가 원활하게 돌아가려면 개인과 정부가 함께 노력해야 한다.

단어장

이야기해 봅시다

- 공익을 위해 개인이나 집단의 이익을 포기해야 할 때가 언제라고 생각합니까?

9과 쓰기

◉ 님비 현상의 사례를 찾고 해결책을 써 보십시오.

처음	님비 현상의 정의	
가운데	님비 현상의 사례	
	구체적인 해결책	
끝	마무리	

▶ 위의 글을 원고지에 써 보십시오.

관용어와 의태어

관용어

파리만 날리다	장사가 잘 안 되어 한가하다

가 : 요즘 장사 잘 되세요?
나 : 우리 가게 앞에 큰 식당이 생겨서 손님이 없어요.
가 : 걱정이 많으시겠어요.
나 : 네. 오늘도 파리만 날리고 손님은 한 명도 없었어요.

의태어

비틀비틀	힘이 없거나 어지러워서 쓰러질 듯이 걷는 모양
살금살금	다른 사람이 알지 못하도록 눈치를 보며 몰래 행동하는 모양

1. 가 : 무슨 일 있어?
   나 : 다이어트 때문에 일주일 동안 밥을 안 먹어서 힘이 없어.
   가 : 그렇게 ______________ 걷다가 넘어질 수도 있으니까 그만 해.
   나 : 그래도 지금까지 했는데 조금만 더 해 보고…….

2. 가 : 여보세요? 형! 집에 빨리 와. 어머니가 화가 많이 나셨어.
   나 : 다 왔어. 지금 집 앞이야.
   가 : 소리 내지 말고 ______________ 들어와.
   나 : 알겠어. 조용히 들어갈게.

10과 외국어 공부, 어떻게 하고 계세요?

학습목표

| **대화** 한국어 학습 방법
| **읽고 말하기** 한국어 학습 동기

| **듣기** 외국어 학습 비법
| **읽기** 외국어 학습 시기
| **쓰기** 외국어 조기 교육

| **문법과 표현1** -(으)ㅁ
| **문법과 표현2** -기

| **관용어와 의태어**
불똥이 튀다
소곤소곤 / 싱글벙글

10과 대화 한국어 학습 방법

28

리포터 : 여러분, 안녕하십니까? 오늘은 캐나다에서 온 제임스 씨와 중국에서 온 송영 씨를 만나 보겠습니다. 안녕하세요? 두 분이 한국어 공부를 하면서 가장 어려웠던 점은 뭔가요?

송 영 : 저는 발음이 가장 어려웠어요.

제임스 : 저 같은 경우에는 문법이 제일 어렵던데요.

리포터 : 그런데 두 분이 말하는 것을 보니 외국인인지 잘 모르겠는데요? 그러면 외국어를 공부할 때 중요한 건 뭘까요?

제임스 : 외국어를 배울 때는 뚜렷한 목표가 있어야죠. 그렇지 않으면 얼마 가지 못해요.

송 영 : 맞아요. 그리고 또 한 가지, 외국어는 포기하지 않고 끝까지 하는 게 중요해요. 끈기가 있어야 한다는 거죠.

리포터 : 그럼 한국어를 배우는 가장 효과적인 방법은 뭘까요?

송 영 : 저는 듣고 따라 하기를 권하고 싶어요. CD를 반복해서 듣고 소리를 내어 따라하는 거죠. 그러다 보면 한국어가 저절로 나와요.

제임스 : 아, 송영 씨는 그렇게 공부하셨군요. 저는 뭐니 뭐니 해도 한국 사람들과 말을 많이 해 보는 게 가장 좋다고 생각해요. 부끄러워하지 말고 한국 사람들에게 말을 걸어 보세요. 그러면 한국어에 자신감이 생겨요. 그리고 한국 영화나 드라마를 보는 것도 도움이 많이 되죠.

송 영 : 아, 저도 그랬어요. 한국 영화나 드라마를 보면 다양한 상황에서 실제로 어떻게 말하는지 배울 수 있거든요.

리포터 : 그렇군요. 한국어를 공부하는 모든 분들께 두 분의 말씀이 많은 도움이 되기를 바랍니다.

단어장
끈기
반복하다
뭐니 뭐니 해도
흥미
집념

이야기해 봅시다

- 다음의 내용으로 위의 **대화**처럼 친구와 대화해 보십시오.

한국어 공부		
어려운 점	중요한 점	학습 방법
발음 문법 듣기 쓰기 말하기 읽기	뚜렷한 목표 끈기 흥미 강한 집념	반복해서 듣고 소리 내어 따라하다 한국 사람들과 말을 많이 하다 한국인 이성 친구를 사귀다 한국 드라마와 영화를 즐겨 보다

-(으)ㅁ

동사나 형용사를 명사로 만든다. 알고 있거나 이미 일어난 사실을 말할 때와 메모할 때 사용한다. '분명하다, 확실하다, 틀림없다, 주장하다, 알다, 잊다' 등의 앞에 주로 사용한다.

예 문

기 자 : 여기는 부산 경찰청 앞입니다. 두 달 전에 발생한 살인 사건의 용의자가 잡혔습니다. 용의자는 자신이 죄가 없음을 주장하고 있습니다. 그러나 경찰은 확실한 증거를 가지고 그가 범인임을 확신하고 있습니다.

연 습

1. 두 사람이 깨가 쏟아지는 것을 보니 ________________ 틀림없다.
2. 저 사람이 비틀비틀 걷는 것을 보니 ________________ 분명하다.
3. 오늘날 우리 사회의 발전은 ____________________ 알아야 한다.
4. 외국에서 살더라도 네가 __________________ 잊지 말아야 한다.

써 봅시다

• 〈보기〉와 같이 친구와 이야기한 후 메모해 보십시오.

보 기

민 지 : 한국어를 공부한 지 얼마나 되었어요?
송 영 : 일 년 정도 되었어요.

공부 기간	어려웠던 점	공부 방법
송영은 한국어를 공부한 지 일 년 정도 되었음		

단어장
용의자
증거
확신하다

–기

동사를 명사로 만들어서 규칙이나 계획, 속담 등에 사용한다.
'쉽다, 어렵다, 힘들다, 좋다, 싫다, 바라다, 시작하다' 등의 앞에 주로 사용한다.

예 문

교 수 : 동우 씨, 졸업을 하면 뭐 할 거예요?
동 우 : 은행에 취직하려고 합니다. 벌써 최종면접도 봤어요.
교 수 : 긴장되겠어요. 꼭 합격하기를 바랍니다.
동 우 : 감사합니다. 교수님.

연 습

1. 가 : 방학 때 한옥 마을도 구경할 겸 전주에 갈까?
   나 : 미안해. 나는 ______________기로 했어.
2. 가 : 오늘은 왜 택시를 타고 학교에 왔어?
   나 : 어제 등산을 하다가 다리를 다쳤는데 __________ 힘들어서 택시를 탔어.
3. 가 : 기무라 씨, 이 떡볶이 정말 맛있네요. 어떻게 만들었어요?
   나 : 정말 쉬워요. ______________예요.
4. 가 : 소피아 씨, 점심도 안 먹더니 저녁도 굶어요?
   나 : 네. 감기에 걸렸는데 입맛이 떨어져서 ____________________________

단어장
최종면접

써 봅시다

• 〈보기〉와 같이 친구와 이야기한 후 우리 반의 규칙을 만들어 보십시오.

보 기

소피아 : 우리 반에서 지켜야 할 규칙에는 뭐가 있을까요?
꾸 언 : 수업 시간에는 선생님의 말씀을 경청해야 합니다.

우리 반 규칙
• 선생님 말씀 경청하기 • •

읽고 말하기 한국어 학습 동기

29

저는 1년 전부터 부산에서 한국어를 배우고 있는 소피아라고 합니다. 제가 한국을 알게 된 것은 한국 드라마와 한국 가요 덕분입니다. 처음에 저에게 한국은 아주 생소한 나라였습니다. 그런데 어느 날, 인터넷을 통해 우연히 한국 드라마와 한국 가요를 접하게 되었습니다. 호기심으로 보게 된 한국 드라마는 보면 볼수록 재미있었고 한국 가요는 춤도 따라 출 정도로 좋아하게 되었습니다. 그리고 시간이 갈수록 한국 드라마를 영어 자막 없이 보고 싶다는 생각이 들었습니다. 그래서 다니던 학교를 휴학하고 부산으로 어학연수를 오게 되었습니다.

언어교육원에서 한국어뿐만 아니라 다양한 체험 활동을 통해 생소했던 한국의 문화와 역사를 이해하게 되었습니다. 특히 저는 부산에서 만났던 사람들을 잊을 수 없습니다. 처음에는 특유의 사투리 때문에 부산 사람에 대해서 오해를 하곤 했습니다. 그러나 부산 사람들과 자주 만나게 되면서 그들이 누구보다 정이 많고 따뜻하다는 걸 알았습니다. 그래서 저는 많은 부산 친구들을 사귀었고 그들을 통해 부산의 또 다른 매력을 느끼고 있습니다.

처음에 한국에 왔을 때 제 목적은 오직 한국어 하나였습니다. 하지만 1년이 지난 지금, 저에게 한국은 가나만큼이나 사랑하는 제2의 고향이 되었습니다. 앞으로 저는 단순히 한국 드라마를 보기 위해서가 아니라 한국인과 한국 문화를 이해하기 위해 한국어를 계속 공부할 것입니다. 그리고 더 나아가 한국과 가나를 잇는 다리 역할을 하고 싶습니다.

단어장

생소하다
접하다
호기심
자막
잇다
동기

이야기해 봅시다

- 여러분의 한국어 학습 동기는 무엇입니까?

- 여러분은 배우고 싶은 외국어가 있습니까? 그 이유는 무엇입니까?

30

◉ 다음을 듣고 물음에 답하십시오.

1. 들은 내용을 정리해 보십시오.

외국어 학습 비법	영어	
	중국이	
	베트남어	

2. 들은 내용과 같은 것을 고르십시오. (　　)

① 외국어를 잘하는 비법으로 성격이 큰 영향을 주지 않는다.
② 외국에서 유학을 해야 유창한 외국어 실력을 갖출 수 있다.
③ 외국인 이성친구와 사귀는 것이 외국어 학습의 동기가 될 수도 있다.
④ 외국어를 잘 하려면 외국어를 잘하는 사람들의 학습 비법을 따르는 것이 좋다.

단어장

원어민
뻔뻔하다
정복하다
번역가
전념하다
바람직하다

이야기해 봅시다

- 여러분은 효과적인 외국어 학습 방법에 대해 들은 적이 있습니까?

• 외국어는 언제 배우는 것이 좋을까요? 다음의 주장을 보고 이야기해 보십시오.

◉ 다음 글을 읽고 물음에 답하십시오.

과연, 외국어 교육에서 적절한 시기가 있는가?

세계화 시대는 외국어 능력이 필수이다. 세계에서 활동하는 인재가 되려면 외국어를 유창하게 구사해야 한다. 그래서 외국어 학습은 남녀노소를 불문하고 자기 계발과 취미 활동으로 그 열기가 식지 않고 있다. 이와 더불어 외국어를 중요하게 생각하는 부모들은 아이가 어릴 때부터 외국어를 가르치려고 한다. 영어 유치원, 영어 태권도 학원 등이 그 대표적인 예이다.

외국어 교육의 적절한 시기에 대한 의견은 분분하다. 언어를 습득하려면 유아동기가 적기이기 때문에 가능한 한 일찍 배워야 한다는 주장과 외국어 조기 교육은 많은 부작용을 낳을 수 있다는 주장이 팽팽히 맞서고 있다.

외국어 조기 교육을 찬성하는 입장에서는 언어습득능력이 높은 유아동기에는 새로운 언어를 쉽게 배울 수 있다고 주장한다. 그리고 아직 지식이 많지 않아 새로운 지식에 대한 편견이나 거부감이 없어 빨리 익히게 된다고 본다. 그래서 그 시기를 놓쳐 사춘기가 지나면 다른 언어에 대한 거부감이 커지고 언어습득능력도 많이 떨어진다는 연구 결과도 있다. 그러므로 될 수 있으면 조기에 외국어 교육을 하는 것이 중요하다고 말한다.

반면에 외국어 조기 교육을 반대하는 입장에서는 유아동기에 이루어지는 외국어 교육에 대해 많은 우려를 하고 있다. 유아동기는 스스로의 판단 능력이 없는 시기이므로 부모가 강제적으로 교육을 시키면 심한 스트레스로 부작용을 낳을 수 있다는 것이다. 말더듬이나 실어증과 같은 증상이 그 예이다. 또한 모국어가 완전히 습득되지 않은 채 외국어를 배우면 모국어 습득에도 방해가 되어 두 언어 모두 제대로 습득할 수 없게 된다는 것이 그들의 주장이다. 이들은 외국어 교육에서 정해진 시기보다 교육 방법에 더 초점을 맞추어야 한다고 말한다.

단어장

불문하다
열기가 식다
분분하다
적기
조기
팽팽히
맞서다
편견
거부감
우려하다
강제적
말더듬
실어증
습득(하다)
초점을 맞추다

1. 각 문단의 내용을 정리해 보십시오.

문단	소제목	내용
1	외국어 교육 현황	
2	외국어 교육 시기에 대한 의견	
3	외국어 조기 교육 찬성	
4	외국어 조기 교육 반대	

2. 외국어 조기 교육에 대한 주장과 근거가 알맞지 않은 것을 고르십시오. (　　)

① 유아동기에는 모든 지식을 다 쌓아야 하기 때문에 찬성한다.

② 유아동기에는 다른 언어에 대한 거부감이 없기 때문에 찬성한다.

③ 유아동기에는 학습에 대한 본인의 선택권이 없기 때문에 반대한다.

④ 외국어 교육은 '언제'보다 '어떻게'가 더 중요하기 때문에 반대한다.

단어장

선택권

이야기해 봅시다

• 여러분은 외국어 조기 교육에 대해 어떻게 생각합니까? 경험을 바탕으로 이야기해 보십시오.

쓰기

◉ 여러분은 외국어 조기 교육에 대해 어떻게 생각하는지 자신의 주장을 바탕으로 글을 써 보십시오.

처음	자신의 주장	
가운데	자신의 주장에 대한 근거	
	예상되는 반대 의견	
	반대 의견에 대한 반박	
끝	마무리	

▶ 위의 글을 원고지에 써 보십시오.

10과 관용어와 의태어

관용어

불똥이 튀다	직접 관계없는 일 때문에 나쁜 영향을 받다

가 : 이 대리, 얼굴이 안 좋네. 무슨 일 있어?
나 : 사장님한테 한소리 들었거든.
가 : 왜? 뭐 잘못했어?
나 : 아니, 잘못은 김 대리가 했는데 별일 아닌 일로 나한테까지 불똥이 튀었어.

의태어

소곤소곤(수군수군)	남이 알아듣지 못하도록 작은 목소리로 이야기하는 소리 또는 모양
싱글벙글	눈과 입을 움직이며 소리 없이 환하게 웃는 모양

1. 가 : 왜 이렇게 화가 나 있어요?
   나 : 친구들이 자기들끼리만 ______________ 귓속말을 하잖아요.
   가 : 어머, 기분이 정말 나빴겠어요.
   나 : 저만 빼 놓고 무슨 비밀 이야기를 하는 건지……. 속상해 죽겠어요.

2. 가 : 선배가 오늘 하루 종일 ______________ 웃고 있네. 무슨 좋은 일이 있나 봐.
   나 : 몰랐어? 선배가 이번에 공기업에 취직했대.
   가 : 그렇게 준비를 열심히 하더니 정말 잘 됐네.
   나 : 맞아. 요즘 선배는 하늘을 나는 기분일 거야.

11과 취업 준비를 어떻게 해야 하죠?

학습목표

| **대화** 취업 정보 구하기
| **읽고 말하기** 블라인드 채용

| **듣기** 면접 보기
| **읽기** 직업의 의미
| **쓰기** 직업 선택 시 고려사항

| **문법과 표현1** –(이)야말로
| **문법과 표현2** –는 셈이다

| **관용어와 의태어**
입에 거미줄을 치다
아슬아슬 / 안절부절

대화 취업 정보 구하기

31

송 영 : 동우 씨, 뭐 좀 물어볼 게 있는데요.

동 우 : 뭔데요? 제가 도와드릴 수 있는 거면 좋겠네요.

송 영 : 곧 졸업이라 한국 회사에 지원하려고 하는데요. 대기업하고 중소기업 중 어디가 좋을까요?

동 우 : 글쎄요. 보통 대기업을 선호하죠. 아무래도 연봉을 생각하면 대기업이 나을 테니까요. 하지만 다양한 업무 경험을 쌓으려면 중소기업이 낫겠죠? 뭐든 자기가 중요하게 생각하는 쪽으로 결정하는 게 좋을 것 같아요.

송 영 : 그럼, 회사에 지원할 때 서류는 어떤 게 필요한가요?

동 우 : 음, 회사마다 조금씩 달라요. 제일 정확한 것은 사원 모집 공고나 회사 홈페이지를 보는 건데요. 보통 이력서, 자기소개서, 졸업 증명서, 성적 증명서 같은 서류가 필요해요.

송 영 : 외국어 능력도 필요하겠죠?

동 우 : 그럼요. 요즘은 어학 관련 증명서야말로 필수지요. 참, 송영 씨는 외국인이니까 한국어 능력 증명서도 필요하겠네요.

송 영 : 그래요? 3년 전에 토픽 4급을 땄어요.

동 우 : 아, 그런데 2년이 지났으니까 지금은 없는 셈이에요.

송 영 : 그러면 지금부터 하나씩 준비해야겠어요.

단어장
대기업
중소기업
인지도
전문성
승진하다

이야기해 봅시다

• 다음의 내용으로 위의 **대화**처럼 친구와 대화해 보십시오.

	공기업	대기업	중소기업
선호 이유	안정성 복지 근무 환경	높은 연봉 기업 인지도 회사 발전 가능성	다양한 업무 경험을 쌓다 전문성을 기르다 빨리 승진하다
필수 조건	어학 관련 증명서, 컴퓨터 관련 자격증, 전공 관련 자격증, 인턴 경험		

-(이)야말로

앞의 말을 강조할 때 사용한다.

예 문

안　나 : 어제 장수촌의 장수 비결에 대한 프로그램을 봤는데 유익한 내용이 많더라고요.
제임스 : 그래요? 저도 장수에 대해 관심이 많은데 어떤 내용이었어요?
안　나 : 채식 위주의 식사야말로 제일 중요한 조건이라고 했어요.
제임스 : 맞아요. 육식보다 채식이 건강에 좋지요.

연 습

1. 가 : 조카가 곧 졸업을 하는데 어떤 선물이 좋을까?
   나 : ______________________________

2. 가 : 배우자를 선택할 때 가장 중요한 조건이 뭐라고 생각해?
   나 : ______________________________

3. 가 : 민지 씨 나라에서 가장 자랑할 만한 문화재가 뭔가요?
   나 : ______________________________

4. 가 : 입사 원서 중에서 가장 신경을 써야 하는 것이 뭐예요?
   나 : ______________________________

말해 봅시다

예 문 과 같이 대화해 보십시오.

어제 본 프로그램	주요 내용	
장수촌의 장수 비결	채식위주의 식사	육식보다 채식이 건강에 좋다
효과적인 외국어 학습	끈기	끈기와 뚜렷한 목표만 있으면 외국어를 정복할 수 있다
여행할 만한 세계 도시	이스탄불	그 도시는 유럽과 아시아의 문화가 공존하다

단어장

–는 셈이다

앞의 내용을 근거로 비슷하거나 같다고 판단할 때 사용한다.

예 문

왕 붕 : 봉사 활동하러 얼마나 자주 가요?
송 영 : 일주일에 5번 정도 가는 것 같아요.
왕 붕 : 와, 대단한데요. 그 정도면 매일 가는 셈이네요.
송 영 : 아니에요. 저보다 더 자주 가는 사람도 많아요.

연 습

1. 가 : 이 휴대폰 2만원 주고 샀어요.
   나 : 정말요? 2만원이면 거의 ______________________
2. 가 : 부산에서 얼마나 살았어요?
   나 : 태어나서 지금까지 살았으니까 거의 ______________________
3. 가 : 술을 얼마나 자주 마셔요?
   나 : 특별한 날이 아니면 마시지 않으니까 ______________________
4. 가 : 이번 시험에서 75점밖에 못 받았어.
   나 : 이번 시험이 얼마나 어려웠는데. 그 정도면 ______________________

단어장
장만하다

말해 봅시다

예 문 과 같이 대화해 보십시오.

근거	판단
봉사활동 하러 가다 / 일주일에 5번 정도 가다	매일 가다
직원 회식에 가다 / 1명 빼고 모두 가기로 하다	거의 다 참석하다
집들이 음식을 장만하다 / 음료수만 사면 되다	준비를 거의 다 하다

읽고 말하기 블라인드 채용

32

올해도 어김없이 취업 시즌이 찾아왔다. 취업을 희망하는 사람도 인재를 구하려는 기업도 올해 시행되는 새로운 채용 방식에 주목하고 있다. 바로 블라인드 채용이다. 블라인드 채용은 영어 '블라인드(blind)'에 채용이 합쳐진 말로 출신지나 학력 등을 가린 채 능력이나 인성만으로 사람을 뽑는 것을 말한다.

좋은 대학을 나온 사람이 과연 일도 잘 할 것인가? 이러한 질문에 대부분은 절대로 그렇지 않다고 대답한다. 하지만 그동안 기업은 지역에 따라 또는 대학에 따라 사람을 평가해 온 것이 사실이다. 그래서 지방 출신에 좋은 대학을 나오지 않은 사람은 번번이 서류전형에서 떨어지곤 했다. 이러한 불평등을 해소하기 위해 마련된 것이 블라인드 채용이다.

요즘처럼 급격히 변화하는 시대에는 개성과 다양성이 요구된다. 이러한 시대에는 그에 맞는 채용 방식이 필요하다. 이를 위해 올해 정부에서는 공공 기관 300여 곳에 블라인드 채용을 실시한다고 발표했다. 그리고 대기업 및 중소기업에서도 블라인드 채용을 긍정적으로 바라보고 있어 향후 블라인드 채용은 계속 확대될 전망이다.

블라인드 채용을 통해 기업은 업무수행을 잘 할 수 있는 인재를 구하게 될 것이며 취업 준비생들은 불필요한 스펙 쌓기에 시간을 낭비하지 않아도 될 것이다. 새로운 채용 방식이 활성화되어 누구에게나 공정한 기회가 주어지는 사회, 배경이 아닌 실력이 우선시되는 사회가 되기를 기대한다.

단어장

- 어김없이
- 인성
- 번번이
- 불평등
- 스펙
- 공정하다

이야기해 봅시다

- 여러분이 생각하는 바람직한 채용 방안은 무엇입니까?

• 면접을 볼 때 주의해야 할 점에는 어떤 것들이 있습니까?

33 ◉ 다음을 듣고 물음에 답하십시오.

1. 들은 내용을 정리해 보십시오.

질문	대답
자기소개	
한국어 능력	
지원 동기	
최근 화장품 시장의 트렌드	
회사 발전을 위해 가장 중요한 점	

2. 송영이 말한 내용과 같은 것을 고르십시오. (　　)
   ① 웰빙 문화 확산 전략
   ② 한국 화장품의 장단점
   ③ 미용 기술 개발의 필요성
   ④ 회사 발전을 위해 고려해야 할 사항

3. 들은 내용과 같은 것을 고르십시오. (　　)
   ① 송영은 대한대학교에서 디자인을 전공했다.
   ② 송영은 중국에서 한국어를 배워서 한국어가 서투른 편이다.
   ③ 송영은 향후 화려한 화장법이 더 유행할 것이라고 생각한다.
   ④ 송영은 화장품 이용 고객의 의견이 아주 중요하다고 생각한다.

단어장
미용
반하다
트렌드
확산되다
고려하다
자극적이다
순하다
(마음을) 사로잡다
꼼꼼히

이야기해 봅시다

• 여러분이 입사 시험의 면접관이라면 지원자에게 어떤 질문을 하겠습니까? 하고 싶은 질문을 생각해 보십시오. 그리고 만든 질문으로 모의 면접을 진행해 보십시오.

11과 읽기

• 왜 직업을 가져야 합니까? 다음을 보고 이야기해 보십시오.

◉ 다음 글을 읽고 물음에 답하십시오.

우리는 왜 직업을 갖는가?

'직업'은 자신의 적성과 능력에 따라 일정한 기간 동안 계속하는 사회활동을 말한다. 우리는 직업을 통해 정신적 활동이나 육체적 활동을 하고 그 대가를 받는다. 그렇게 얻은 대가로 생계를 유지하게 된다. 그런데 우리가 직업에서 얻는 것이 단지 경제적인 것뿐일까?

일반적으로 사람들은 짧게는 30년, 길게는 40년 이상 직업을 가지고 살아간다. 직업은 평생의 절반을 함께 하는 동반자인 셈이다. 그래서 직업은 생계를 위한 수단 외에도 나를 만드는 중요한 수단이 되기도 한다. 아무리 좋은 직장에서 좋은 대우를 받는다고 해도 그 일을 통해 행복과 보람, 만족감을 얻을 수 없다면 좋은 직업이라고 할 수 없다. 자아실현이야말로 직업을 갖는 중요한 의미가 된다.

그런데 직업의 의미는 개인적인 것에서 끝나지 않는다. 사회가 존재하고 발전하려면 구성원들이 일을 나누어 해야 하는데 이것은 개인의 직업 활동을 통해서 이루어진다. 우리는 자신이 맡은 일을 통해 사회에 참여하고 사회 발전에 기여하고 있는 것이다.

오늘날 우리는 직업을 생각할 때 단순히 부를 얻기 위한 수단으로만 생각하여 직업을 통해 얻는 자아실현이나 사회 기여는 무시하기도 한다. 직업은 경제적인 측면뿐만 아니라 개인적 측면에서나 사회적 측면에서도 중요한 의미가 있음을 알아야 한다.

단어장
- 생계
- 적성
- 대가
- 수단
- 대우
- 동반자
- 자아실현
- 기여하다

1. 각 문단의 내용을 정리해 보십시오.

문단	소제목	내용
1	직업의 정의	
	경제적인 측면에서 직업의 의미	
2	개인적인 측면에서 직업의 의미	
3	사회적인 측면에서 직업의 의미	
4	마무리	

2. 이 글의 글쓴이가 생각하는 가장 바람직한 사람을 고르십시오. (　　)

① 나는 40대 의사이다. 화가가 되고 싶었지만 부모님이 원해서 의사가 되었고 돈도 많이 벌어 생활에 어려움이 없다.

② 나는 컴퓨터 회사에 다니는 20대 여자이다. 회사에 다니는 기쁨은 매월 받는 월급이다. 나는 이 월급이 내 통장에 쌓이는 것을 보면 기쁘다.

③ 나는 대학교에서 외국인에게 한국어와 한국문화를 가르치는 30대 남자다. 이 일은 어린 시절부터 내 꿈이었고 이 일을 하면서 삶의 기쁨을 느낀다.

④ 나는 50대의 유명 피아니스트다. 연주회를 해 달라는 요청이 많이 들어온다. 그렇지만 나는 무대에 서고 싶지 않다. 혼자서 조용히 피아노를 치는 것만으로도 만족감을 느낀다.

단어장

이야기해 봅시다

- 여러분은 직업을 선택할 때 위의 세 가지 측면 중에서 무엇이 가장 중요하다고 생각합니까?

쓰기

◉ 여러분은 직업을 선택할 때 무엇을 고려해야 한다고 생각합니까? 자신의 생각을 써 보십시오.

처음	직업의 의미		
가운데	직업 선택 시 고려 사항과 이유	고려 사항	
		이유	
끝	마무리		

▶ 위의 글을 원고지에 써 보십시오.

11과 관용어와 의태어

관용어

입에 거미줄을 치다	가난하여 먹지 못하고 굶다

가 : 아무리 생각해도 우리 회사는 내 적성에 안 맞는 것 같아.
내일 사표 내려고 해.
나 : 야, 그럼 생계는 어떻게 하려고?
가 : 설마 입에 거미줄 치겠어? 당분간 좀 쉬면서 무슨 일을 할지 고민해 보려고.
나 : 그것도 나쁘진 않네.

의태어

아슬아슬	몹시 위태롭거나 두려운 모습
안절부절	불안하고 초초하여 어찌할 바를 모르는 모습

기자 : 여기는 아파트 화재 현장입니다.
2층에서 시작된 불길이 갑자기 5층까지 번지면서 주민들이 대피에 어려움을 겪고 있습니다. 미처 대피를 못하고 창문에 ____________하게 매달려 있는 주민의 모습이 위태로워 보입니다. 현재 소방차 10대가 구조에 힘을 쏟고 있습니다. 하지만 대피하지 못한 주민의 가족들은 밖에서 ____________ 못하며 구조 상황을 지켜보고 있습니다. 지금까지 PNU 김은주였습니다.

12과 어떤 축제가 유명해요?

이탈리아 – 베네치아 축제

한국 – 부산불꽃 축제

브라질 – 리우 축제

독일 –맥주 축제

태국 – 송크란 축제

영국 – 노팅힐 축제

일본 – 기온 축제

스페인 – 토마토 축제

학습목표

| **대화** 독일 맥주 축제
| **읽고 말하기** 세계의 유명한 축제

| **듣기** 스페인 토마토 축제
| **읽기** 지역 축제
| **쓰기** 소개하고 싶은 축제

| **문법과 표현1** –는 김에
| **문법과 표현2** 치고

| **관용어와 의태어**
울며 겨자 먹기
후들후들 / 우왕좌왕

대화 독일 맥주 축제

34

소피아 : 동우 씨, 이번에 여행을 간다면서요?
동 우 : 네, 유럽으로 좀 가 보려고요.
소피아 : 유럽이면 나라가 많잖아요. 어디로 가 보려고요?
동 우 : 글쎄요, 아직 정하지 못했는데 어디가 좋을까요?
소피아 : 언제 갈 건데요?
동 우 : 9월이나 10월 정도로 생각하고 있어요.
소피아 : 아! 그러면 독일이 좋아요. 동우 씨는 맥주를 좋아하잖아요. 9월 말부터 2주 동안 유명한 맥주 축제가 열리거든요.
동 우 : 그 축제가 그렇게 유명해요?
소피아 : 그럼요. 맥주 축제는 독일을 대표하는 축제이기도 하고 세계 3대 축제 중의 하나이기도 해요.
동 우 : 그러면 다양한 맥주를 맛볼 수 있겠네요.
소피아 : 물론이죠. 그리고 전 세계의 맥주뿐만 아니라 축제를 위해 만든 신제품 맥주도 선보인다고 해요. 축제 규모도 어마어마하고 행사도 많대요.
동 우 : 그래요? 유럽으로 여행가는 김에 독일의 맥주 축제에 꼭 가 봐야겠어요. 소피아 씨, 고마워요.
소피아 : 뭘요. 계획 잘 세워서 여행 잘 다녀오세요.

이야기해 봅시다

- 다음의 내용으로 위의 **대화**처럼 친구와 대화해 보십시오.

시기	나라 / 축제 이름	특징	행사 내용
9월이나 10월	독일 / 맥주 축제	세계 3대 축제 중의 하나	전 세계의 맥주와 신제품 맥주를 선보이다 / 축제 규모가 어마어마하고 행사가 많다
1월이나 2월	이탈리아 / 베네치아 축제	세계 최대의 가면 축제	아름다운 가면과 의상 경연대회가 있다 / 연극 공연, 불꽃놀이 등이 열리다
8월	스페인 / 토마토 축제	세계 최대의 토마토 축제	스페인의 음식 문화를 즐길 수 있다 / 거리 행진, 민속 공연 등이 열리다

단어장
맛보다
신제품
선보이다
어마어마하다
가면
의상
경연대회
민속 공연

문법과 표현 1

-는 김에

어떤 일을 하면서 그 기회에 예정에 없었던 일을 추가로 한다는 의미가 있다. 이때 그 일은 관계가 있는 일이다. 이미 일어난 상황에서 예정에 없었던 일이 생겼을 때는 추가로 한다는 의미로 '-(으)ㄴ김에'를 쓴다.

예 문

민 지 : 오늘 오후에 시골에서 부모님이 올라오신대.
민 승 : 진짜? 집이 너무 더러운데.
민 지 : 빨리 청소부터 해야겠어.
민 승 : 그럼 청소하는 김에 빨래도 하자.

연 습

1. 가 : 쓰레기를 버리러 갈 건데 너는 버릴 것 없어?
   나 : 있어. ______________________________

2. 가 : 나 커피 마시려고 물 끓이는데 너도 마실래?
   나 : 그래? 그럼 __________ 나도 한 잔 타 줘. 아까부터 커피 생각이 났거든.

3. 가 : 통장을 잃어버려서 재발급 받으려고 왔어요.
   나 : 통장을 ______________________________

4. 가 : 이번 주에 독감 예방 주사 맞으러 보건소에 간다고 했지?
   나 : 응, ______________________________

말해 봅시다

예 문 과 같이 대화해 보십시오.

상황	할 일 1	할 일 2
시골에서 부모님이 올라오시다	청소하다	빨래하다
내일이 할머니 생신이다	생신 떡을 만들다	식혜를 만들다
다음 달에 김 선생님이 결혼하다	축하 영상을 준비하다	축가를 연습하다

단어장
(커피를) 타다
독감
보건소
식혜
축가

치고

일반적인 생각과 다르다는 뜻을 나타낸다.
※ '예외 없이 모두'의 뜻을 나타낼 때는 부정의 말이 뒤따른다.

예문

송 영 : 너 지난주에 개봉한 공포 영화 봤다면서?
동 우 : 응, 보고 왔어.
송 영 : 너무 무섭다고 하던데 어땠어?
동 우 : 아니야. 공포 영화치고 무섭지 않은 편이었어.

연습

1. 가 : 아이가 매운 음식을 잘 먹네요.
   나 : 네. ______________________

2. 가 : 저 사람은 농구 선수인데 키가 작네요.
   나 : 맞아요. ______________________

3. 가 : 이 전공 책은 너무 비싼 것 같아.
   나 : 아니야. ______________________

4. 가 : 중소기업에 취직했다면서? 복지는 어때?
   나 : ______________________

단어장

말해 봅시다

예문 과 같이 대화해 보십시오.

상황	대상	예외
영화를 보다 / 무섭다	공포 영화	무섭지 않다
TV에 나온 식당에 가다 / 많이 기다리다	유명한 식당	손님이 많지 않다
전주 한옥마을에 가다 / 사람이 많다	관광지	많이 붐비지 않다

12과 읽고 말하기 세계의 유명한 축제

35

세계에는 유명한 축제가 많이 있다. 그 중에서도 손꼽히는 축제로 브라질의 리우 축제, 태국의 송크란 축제, 이탈리아의 베네치아 축제가 있다.

리우 축제

브라질의 리우 축제는 2월 말부터 3월 초에 리우데자네이루에서 열린다. 가난한 사람, 부유한 사람, 젊은이, 노인 등 모든 사람이 하나로 어울리는 축제이다. 리우 축제 하면 '삼바' 춤을 떠올리게 된다. 이 춤은 브라질 사람이 아니라도 모르는 사람이 없을 정도로 유명하다. 이 춤을 추는 사람들은 아주 화려하고 아름다운 옷을 입는데 브라질 사람들의 정열적인 모습을 그대로 보여 준다.

태국에서는 4월 13일부터 4월 15일까지 세계 최대 물 축제인 송크란 축제가 열린다. 송크란은 우기가 시작되는 시기인데 태국에서는 이때를 새해로 생각한다. 새해에 좋은 운이 집 안으로 들어오기를 바라는 마음에 집 안팎을 물로 깨끗하게 청소한다. 그리고 집안의 어른이 가족의 손에 물을 부으며 몸과 마음이 깨끗해지기를 바란다. 축제 장소에서는 모르는 사람들에게도 물을 뿌리는데 이것은 그 사람의 행운과 건강을 기원하는 의미이다.

송크란 축제

베네치아 축제

이탈리아의 베네치아 축제는 화려한 패션과 다양한 가면을 구경할 수 있는 이탈리아 최대의 축제이다. 보통 1월 말에서 2월 사이에 열리는데 베네치아 곳곳에서 가면 무도회, 연극 공연 등이 진행된다. 가면으로 자신을 숨긴 채 평소에는 할 수 없는 기이한 행동을 할 수 있기 때문에 축제 내내 흥미로운 광경이 펼쳐진다.

단어장

손꼽히다
부유하다
떠올리다
정열적
우기
운
기원하다
숨기다
기이하다
흥미롭다
광경이 펼쳐지다

이야기해 봅시다

• 여러분이 알고 있는 또 다른 축제가 있습니까?

축제 이름	나라	시기	특징

• 여러분은 식품과 관련된 축제를 알고 있습니까?

36 ◉ 다음을 듣고 물음에 답하십시오.

1. 들은 내용을 정리해 보십시오.

축제가 열리는 시기	
축제 준비물	

2. 들은 내용과 같은 것을 고르십시오. (　　)

① 축제가 열리는 날 하루 종일 토마토를 던지며 놀 수 있다.
② 토마토 던지기가 끝나면 축제 참가자들이 거리를 청소해야 한다.
③ 축제는 스페인 농부들과 시의원이 화해한 것을 기념하기 위해서 열린다.
④ 축제는 민속 축제에서 청소년들이 싸우면서 채소를 던진 사건과 관련이 있다.

단어장
유래(하다)
노점
(가격이) 폭락하다
시의원
고글
열정적

이야기해 봅시다

• 여러분이 알고 있는 축제의 유래가 있습니까?

• 여러분은 어떤 지역 축제에 가 봤습니까? 불편한 점은 없었습니까?

◉ 다음 글을 읽고 물음에 답하십시오.

지역 축제, 이대로 괜찮은가?

지역마다 무분별하게 축제가 생기면서 비슷비슷한 축제가 많아졌다. 이로 인해 기존에 인기가 있던 지역 축제까지도 방문객들뿐만 아니라 지역 주민에게 외면을 받게 되었다. 대표적인 예가 이제는 어느 지역의 축제인지 알 수 없게 되어 버린 등불 축제이다. A시에서 등불 축제로 방문객들이 모이자 B시와 C시에서도 등불 축제를 개최하게 되면서 지역 축제의 차별성이 사라졌고 자연스럽게 방문객들의 발길도 끊기게 된 것이다.

게다가 지역 축제를 보러 갔다가 바가지만 쓰고 돌아오는 경우도 있어 문제가 되고 있다. 비싼 주차 요금과 음식 값, 숙박 요금은 지역 축제를 찾는 방문객들의 눈살을 찌푸리게 한다. 상업적 축제로 변한 이런 지역 축제는 상인들의 홍보 수단이라는 느낌을 줄 뿐만 아니라 그 지역에 대해 부정적인 생각도 가지게 한다.

따라서 지역 축제는 각 지역의 특색과 연결될 수 있도록 해야 한다. 다른 지역 축제가 성공한 이유를 배우는 것은 좋으나 그 축제를 그대로 따라 해서는 안 된다. 다른 지역 축제와 차별화된 내용으로 그 지역의 특색을 알리고 지역민에게 자부심을 느끼게 만들어야 하는 것이다.

그리고 지나친 상업화 역시 개선해야 한다. 지역 축제는 돈을 벌기 위한 수단이 아니다. 방문객들을 위해서 알맞은 가격으로 서비스를 제공해야 한다. 그러한 인식 개선이 없는 한 방문객들의 발길을 돌릴 수 없을 것이다.

단어장

무분별하다
외면(을 받다)
등불
차별
발길이 끊기다
눈살을 찌푸리다
자부심
인식 개선
발길을 돌리다

1. 각 문단의 내용을 정리해 보십시오.

문단	소제목	내용
1	지역 축제의 문제점	
2		
3	바람직한 방향	
4		

2. 이 글의 내용과 같은 것을 고르십시오. (　　)

① 지역 축제는 각 지역마다 유사성이 있어야 인기를 얻을 수 있다.

② 상업적으로 변한 지역 축제는 방문객들에게 외면을 받기 십상이다.

③ 관광 상품화된 지역 축제를 찾는 방문객들이 해마다 늘어나고 있다.

④ 기존에 외면 받고 있던 지역 축제가 최근 상인들의 힘으로 살아나고 있다.

단어장

유사성

이야기해 봅시다

- 여러분이 참여한 축제에는 어떤 문제점이 있었습니까? 어떻게 개선이 되면 좋겠습니까?

12과 쓰기

◉ 여러분이 소개하고 싶은 축제에 대해 써 보십시오.

처음	축제 소개 (이름, 시기, 장소)	
가운데	축제 유래	
	행사 내용 및 특징	
끝	마무리	

쓰기 길잡이

축제 소개	-을/를 대표하는 축제이다 -에서 손꼽히는 축제이다 -(으)로/에서 발전했다
축제 유래	-에서 비롯되었다 / 시작되었다 / 유래되었다
행사 내용 및 특징	-을/를 선보인다 -(으)ㄹ 만하다 -(으)ㄴ/는 광경이 펼쳐진다

▶ 위의 글을 원고지에 써 보십시오.

12과 관용어와 의태어

관용어

울며 겨자 먹기	싫은 일을 억지로 어쩔 수 없이 하는 것

가 : 심부름 좀 갔다 와.
나 : 오빠가 갔다 와. 왜 나한테 시키는 거야?
가 : 기억 안 나? 네가 어제 우산 안 가져가서 내가 가져다 준 거. 일주일 동안은 내가 시키는 건 다 한다고 했잖아.
나 : 알았어. 울며 겨자 먹기네. 그럼 갔다 올게.

의태어

후들후들	팔다리나 몸이 잇따라 크게 떨리는 모양
우왕좌왕	어디로 가야 할지 일이나 방향을 짐작하지 못하는 모양

1. 가 : 나는 번지 점프는 처음이야.
나 : 나도 그래. 다리가 ______________ 거려서 점프대까지 갈 수 없을 것 같아.
가 : 그래도 번지 점프 해 보는 게 소원이었잖아. 우리 같이 해 보자.
나 : 그래. 나도 용기를 낼게.

2. 가 : 어제 지진 났을 때 너무 무서웠어.
나 : 나도 그랬어. 무서워서 지갑이랑 휴대폰만 가지고 집 밖으로 나갔어.
가 : 거리에 있던 사람들도 ______________ 하면서 어디로 가야 할지 모르는 것 같았어.
나 : 우리나라도 지진 대피 장소를 만들어야 할 것 같아.

13과 이러다 지구가 쓰레기장이 되겠어요.

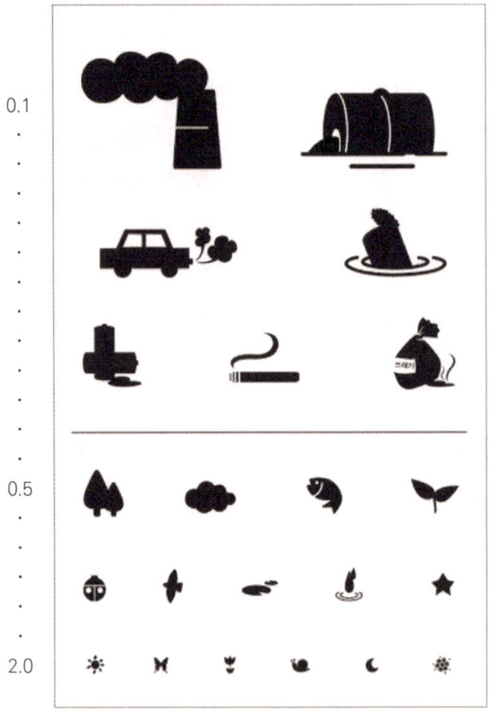

점점 보기 힘들어집니다

출처 환경관리공단

학습목표

| **대화** 환경 오염
| **읽고 말하기** 쓰레기 줄이는 방법

| **듣기** 갯벌의 역할
| **읽기** 지구 온난화
| **쓰기** 지구 온난화

| **문법과 표현 1** –던데
| **문법과 표현 2** –(으)ㄹ지라도

| **관용어와 의태어**
한눈팔다
조마조마 / 중얼중얼

대화 환경 오염

37

송 영 : 오늘 하늘이 왜 이렇게 뿌옇죠?

기무라 : 뉴스에서 최근 대기 오염이 심해졌다던데……. 아마 미세먼지 때문일 거예요. 대기 오염이 심해지면 미세먼지 농도가 높아지거든요.

송 영 : 음, 그래서 요 며칠 밖에 나가면 기침이 나고 목이 따가웠군요.

기무라 : 그래서 미세먼지가 심한 날에는 가능하면 바깥 활동을 피해야 해요. 특히 임신부나 노약자는 더 조심해야 하고요.

송 영 : 정말 심각하네요. 대기 오염을 줄이기 위한 노력을 해야겠어요.

기무라 : 맞아요. 그래서 저는 가까운 거리는 가능한 한 걸어 다녀요. 그럼 환경도 지키고 운동도 할 수 있으니까 일거양득이죠.

송 영 : 저는 걷는 거 정말 싫어하는데…….

기무라 : 그래도 환경을 위해서 습관을 좀 바꿔 보세요. 그리고 쓰레기 분리 배출과 재활용도 대기 오염을 줄일 수 있는 좋은 방법이에요.

송 영 : 그렇군요. 대부분 알고 있는 방법인데 실천을 안 하고 있었네요. 이제부터라도 실천해 봐야겠어요.

단어장
뿌옇다
대기 오염
미세먼지
농도
(목이) 따갑다
일거양득
분리(하다)
오존
산성비
진행되다
승용차

이야기해 봅시다

- 다음의 내용으로 위의 **대화**처럼 친구와 대화해 보십시오.

대기 오염		
현상	**피해**	**해결 방법**
미세먼지 농도가 높다 오존 농도가 높다 산성비가 내리다	호흡기 질환이 생기다 피부병에 걸리다 탈모가 진행되다	가까운 거리는 걷기 쓰레기 분리 배출과 재활용 전기차로 바꾸다 승용차 요일제에 참여하다

-던데

뒤에 연결될 말을 끌어내기 위해 그와 관련된 지난 일을 회상하여 말할 때 사용한다.
'-다던데'는 들은 정보를 전달할 때 사용한다.

예 문

제임스 : 광안리에서 불꽃 축제가 열린다던데 같이 갈래요?
안　나 : 작년에 갔을 때 사람이 너무 많던데 올해는 괜찮을까요?
제임스 : 그래도 한번 가 봐요. 올해는 기간이 늘어나서 작년보다 덜 붐빌 거예요.
안　나 : 네, 그래요.

연 습

1. 가 : ______________________ 같이 갈래요?
   나 : 네, 좋아요. 저도 그 가수를 정말 좋아해요.
2. 가 : ______________________ 그 식당에 한번 가 보세요.
   나 : 그래요? 한번 가 봐야겠네요.
3. 가 : ______________________ 무슨 선물을 했어요?
   나 : 장미꽃 100송이를 줬어요.
4. 가 : ______________________ 병문안 가 봤어요?
   나 : 네. 어제 왕붕 씨와 다녀왔어요.

말해 봅시다

예 문 과 같이 대화해 보십시오.

상황	제안	정보
광안리에서 불꽃 축제가 열리다	구경하러 가다	사람이 너무 많다
PNU 그룹에서 신입사원을 채용하다	지원하다	경쟁률이 엄청나다
오늘이 말복이다	정문 앞 삼계탕 집에 가다	가격에 비해 양이 적다

단어장
경쟁률
엄청나다
말복

−(으)ㄹ지라도

앞의 사실을 인정하면서 그것에 영향을 받지 않는다는 것을 말할 때 사용한다.
'그렇다고 가정하더라도'의 뜻을 나타낸다.

예문

민 지 : 나 내일 마라톤 대회에 참가하기로 했어.
동 우 : 너 며칠 전부터 몸이 계속 안 좋았잖아. 쓰러지는 거 아니야?
민 지 : 가다가 쓰러질지라도 한번 도전해 보겠어.
동 우 : 정말 괜찮겠어?

연습

1. 가 : 내일 폭우가 내린다던데 여행을 취소할까요?
   나 : ______________________________
2. 가 : 이번 공무원 시험이 어렵다던데 포기하는 게 어때요?
   나 : ______________________________
3. 가 : 한국 생활은 다 좋은데 쓰레기를 분리해서 버리기가 너무 번거로워요.
   나 : ______________________________
4. 가 : 취직은 했는데 중소기업이라 연봉이 적어서 고민이에요.
   나 : ______________________________

단어장
번거롭다

말해 봅시다

예문 과 같이 대화해 보십시오.

상황	가정	결심
마라톤 대회에 참가하다	쓰러지다	도전해 보다
짝사랑하는 사람에게 고백하다	거절당하다	용기를 내 보다
해외 봉사를 가다	가족들이 반대하다	자아실현을 하다

읽고 말하기 쓰레기 줄이는 방법

38

요즘 가정에서 배출되는 쓰레기의 양이 늘면서 문제가 되고 있다. 우리는 환경오염을 줄이고 자원의 낭비를 막기 위해 되도록 쓰레기를 만들지 않아야 한다. 그리고 만들어진 쓰레기는 환경이 오염되지 않도록 잘 처리해야 한다. 다음은 쓰레기를 줄이는 다양한 방법이다. 일상생활에서 실천해 보도록 하자.

- 쓰레기를 버리기 전에 재활용이 가능한지를 확인하고 재활용품은 분리하여 배출한다. 분리 배출한 쓰레기는 40%가 재활용되어 플라스틱은 다시 플라스틱으로, 폐지는 종이나 화장지로 만들어진다.

- 포장에 사용된 후 버려지는 쓰레기가 우리나라 전체 쓰레기의 3분의 1이상을 차지하는데 불필요한 포장만 줄여도 쓰레기를 줄일 수 있다.

- 샴푸 통, 세제 통, 화장품 통 등은 한 번 쓰고 버리기에는 아까우므로 쓰레기로 배출하지 말고 리필제품을 사용하여 여러 번 사용한다.

- 슈퍼마켓이나 편의점에서 가져오는 비닐 봉투는 썩는 데도 수십 년이 걸리고 태울 때도 발암물질이 배출된다. 그러므로 장을 볼 때는 반드시 장바구니를 가져간다.

- 음식물은 꼭 먹을 만큼만 만들고 음식물 찌꺼기는 재활용할 수 있도록 음식물 이외의 것은 제거하고 물기를 짠 후 배출한다.

- 나에게는 쓸모없지만 사용이 가능한 물건은 버리지 말고 필요한 사람들에게 나누어 주거나 다른 물건과 바꾸어 쓴다. 상급 학교로 진학할 때 후배에게 교복을 물려주는 것이 좋은 예이다.

단어장

폐지
포장
아깝다
리필제품
썩다
발암물질
물기(를) 짜다
쓸모없다
상급 학교
진학하다
물려주다

이야기해 봅시다

- 위의 방법 중에서 여러분이 실천하고 있는 방법은 무엇입니까?

13과 듣기

• 다음은 갯벌에 살고 있는 동식물입니다. 이들은 모두 어떤 역할을 합니까?

39 ◉ 다음을 듣고 물음에 답하십시오.

1. 들은 내용을 정리해 보십시오.

갯벌의 역할	
물이 정화되는 과정	갈대가 오염된 물을 ________. ➡ 조개, 갯지렁이가 ________________. ➡ 물이 깨끗해신나.

2. 들은 내용과 같은 것을 고르십시오. (　　)

① 갯벌은 대기 오염의 주요한 해결책이다.
② 갯벌은 다양한 동식물을 통해서 생겨났다.
③ 갯벌은 비용이 들지 않는 수질 오염 방지책이다.
④ 갯벌은 보존해야 하기 때문에 관광지로 개발이 어렵다.

단어장
수질오염
갯벌
보존하다
(물을) 거르다
부스러기
육지
머드

이야기해 봅시다

• 수질 오염의 원인, 현상, 해결 방법을 찾아봅시다.

원인	현상	해결 방법

• 지구 온난화로 인해 지구에 어떤 변화가 일어나고 있습니까?

◉ 다음 글을 읽고 물음에 답하십시오.

점점 뜨거워지고 있는 지구!

우리가 살고 있는 지구가 점점 뜨거워지고 있다. 이러한 지구 온난화는 다량의 온실가스가 배출되어 지구의 평균 기온이 점점 높아지는 현상이다.

지구 온난화로 인해 세계 곳곳에서 여러 가지 문제가 발생하고 있다. 특히 극지방의 빙하가 녹아 해수면이 상승하여 세계지도에서 사라질 위기에 처한 나라들이 생겼다. 그 대표적인 곳이 바로 남태평양의 섬들이다. 이들 섬은 50년에서 100년 후에 완전히 물에 잠기게 된다고 한다. 실제로 1999년에는 남태평양의 작은 섬 하나가 바다 속으로 완전히 사라진 일도 있다.

그리고 지구 온난화로 인해 폭염, 폭설, 가뭄과 같은 이상기후도 나타나고 있다. 전 세계적으로 매년 폭염이 심해지고 있고 그로 인한 사망자도 늘어나고 있다. 또 어떤 지역에서는 폭염과 가뭄이 겹쳐 건조해진 숲에서 대규모 산불도 발생하고 있다. 산불로 숲이 사라지면서 자연이 파괴되는 악순환이 이어지고 있다.

지구 온난화의 피해는 동물들에게까지 미치고 있다. 북극의 빙하가 녹아 내려 멸종 위기에 처한 북극곰이나 바다표범 등이 생존에 위협을 받고 있다. 지구의 평균 기온이 지금보다 2도 올라가면 우리 주변의 많은 동물들이 살 곳을 잃고 멸종하게 된다.

인간뿐만 아니라 지구에 살고 있는 모든 생물들을 위해서도 지구 온난화에 대한 대책이 필요하다. 일상생활 속에서 온실가스의 배출을 줄일 수 있는 방안을 고민하고 작은 것부터 실천해 나가는 자세가 중요할 것이다.

단어장
- 온실가스
- 해수면
- 위기에 처하다
- (물에) 잠기다
- 이상기후
- 겹치다
- 파괴(되다)
- 악순환
- 멸종(하다)
- 생존(하다)
- 위협을 받다

1. 각 문단의 내용을 정리해 보십시오.

문단	소제목	내용
1	지구 온난화 정의	
2	지구 온난화 피해	
3	마무리	

2. 이 글의 내용과 <u>다른</u> 것을 고르십시오. (　　)
   ① 폭염으로 인한 인명 피해가 증가하는 추세이다.
   ② 지구의 평균기온 상승으로 생존에 위협을 받는 동물이 있다.
   ③ 해수면 상승으로 남태평양의 섬 중에 가라앉은 섬이 있다.
   ④ 북극의 빙하가 녹으면 녹을수록 지구의 평균기온이 내려간다.

단어장
인명 피해

이야기해 봅시다

- 지구 온난화의 원인과 현상을 알아보고 그에 대한 해결책을 찾아봅시다.

13과 쓰기

◉ 지구 온난화의 원인과 현상을 쓰고 그에 대한 해결책을 써 보십시오.

처음	지구 온난화 소개	
가운데	원인	
	현상	
	해결책	
끝	마무리	

쓰기 길잡이

원인	-의 원인에는 -등이 있다 -이/가 -을/를 일으킨다 -이/가 -을/를 발생시킨다
현상	-(으)로 인해 -이/가 파괴된다 -(으)로 인해 -이/가 발생된다 -기 때문에 -게 된다
해결책	해결책으로는 -이/가 있다 -을/를 해결하기 위해서는 -아/어야 한다 -는 것이 바람직하다 -(으)ㄹ 필요가 있다

▶ 위의 글을 원고지에 써 보십시오.

13과 관용어와 의태어

관용어

한눈팔다	꼭 봐야 할 것을 보지 않고 다른 것을 보거나 신경을 쓰다

가 : 동우야, 오늘 저녁에 중요한 가족 모임이 있는 거 알지?
나 : 알고 있어요, 엄마.
가 : 그러니까 수업이 끝나면 한눈팔지 말고 곧장 집으로 와야 해.
나 : 네. 다른 데 들르지 않고 바로 갈게요.

의태어

조마조마	곧 일어날 일에 대하여 걱정이 되고 마음이 초조하여 불안한 모양
중얼중얼	남이 알아듣지 못할 정도의 작고 낮은 목소리로 혼자 말하는 모양

1. 가 : 소피아 씨, 딱 맞게 도착했네요.
   나 : 늦지 않아 다행이에요. 길이 너무 막혀서 늦을까 봐 __________ 했거든요.
   가 : 비가 오는 날에는 평소보다 조금 더 일찍 나와야 해요.
   나 : 그래야겠어요.

2. 가 : 뭘 그렇게 혼자 ____________ 하고 있어?
   나 : 오늘 수업 시간에 재미있는 노래를 배웠는데 생각날 때마다 부르곤 해.
   가 : 그럼 중얼거리지 말고 큰 소리로 불러 봐.
   나 : 부끄러워서 못 하겠어.

14과 투표하러 나가려던 참이에요.

학습목표

| **대화** 대표 추천
| **읽고 말하기** 시장 선택 기준

| **듣기** 대통령의 자질
| **읽기** 여성의 참정권
| **쓰기** 투표율에 대한 비교·분석

| **문법과 표현1** -는 법이다
| **문법과 표현2** -(으)려던 참이다

| **관용어와 의태어**
눈에 흙이 들어가다
차곡차곡 / 토닥토닥

대화 대표 추천

40

소피아 : 우리 반 대표로 누가 좋을까요?

송 영 : 저는 양만옥 씨를 추천합니다. 양만옥 씨는 한국어도 잘하고 매사에 성실하니까요.

꾸 언 : 글쎄요, 저는 대표가 꼭 한국어를 잘해야 한다는 생각에는 반대예요. 물론 한국어를 잘하면 좋겠지만 꼭 그런 사람이 대표가 되어야 한다는 법이 어디 있어요? 양만옥 씨는 너무 내성적이라서 다른 사람들과 잘 어울리지도 못하잖아요. 오히려 브라운 씨가 어때요?

소피아 : 브라운 씨가 사교성이 좋기는 하죠. 근데 수업 분위기를 자주 흐리는데 우리 반 전체를 이끌 수 있을까요?

송 영 : 나도 그 말을 하려던 참이었어요.

꾸 언 : 우리가 항상 브라운 씨 하면 놀기만 하는 학생처럼 생각하는데 대표가 되면 책임감이 생겨서 잘 할 수 있을 거예요.

송 영 : 이제 우리도 고급반으로 올라가야 할 텐데……. 무엇보다 수업분위기가 중요하다고 생각해요. 그러니까 양만옥 씨처럼 성실하고 공부 잘하는 사람이 대표를 맡아야죠.

꾸 언 : 그런데 공부 잘하는 사람이 대표를 맡는다고 우리도 잘하게 된다는 법이 있어요?

소피아 : 그만, 그만요. 어쨌든 이 문제는 본인들의 생각이 제일 중요하니까 내일 두 사람의 의견을 들어보고 결정해요.

이야기해 봅시다

단어장

매사(에)
내성적
분위기를 흐리다
헌신적
리더십
추진력
권위적

• 다음의 내용으로 위의 **대화**처럼 친구와 대화해 보십시오.

추천인	추천 이유 – 장점	반대 이유 – 단점
양만옥	한국어를 잘하다 / 매사에 성실하다	내성적이다 / 다른 사람과 잘 어울리지 못하다
브라운	적극적이다 / 헌신적이다	리더십이 없다/ 반 전체를 이끌지 못하다
송 영	모범적이다 / 추진력이 있다	권위적이다 / 자기주장이 너무 강하다

-는 법이다

자연의 법칙을 말할 때나 일이 당연히 그렇게 된다는 것을 나타낼 때 사용한다.

예문

민 지 : 요즘 취직 준비 때문에 힘들어 죽겠어.
소피아 : 취업 준비는 누구나 힘든 법이야. 참고 이겨내면 좋은 날이 올거야.
민 지 : 정말 그렇겠지?
소피아 : 당연하지. 쥐구멍에도 볕 들 날이 있는 법이야.

연습

1. 가 : 스타킹 가격이 너무 싸길래 샀는데 품질이 영 안 좋네.
   나 : 너무 싼 물건은 ____________________
2. 가 : 영어에 자신이 있어서 공부를 안 했더니 점수가 엉망이야.
   나 : 공부를 안 하면 ____________________
3. 가 : 살인범이 10년 만에 잡혀서 무기징역을 받았대요.
   나 : 죄를 지으면 ____________________
4. 가 : 부모님 말씀이 모두 맞는 말이지만 너무 듣기가 싫어요.
   나 : 좋은 말도 ____________________

말해 봅시다

예문 과 같이 대화해 보십시오.

고민	당연한 일	속담이나 격언
취직 때문에 힘들다	취업 준비는 누구나 힘들다	쥐구멍에도 볕 들 날이 있다
아이가 말을 안 듣다	어릴 때는 다 그렇다	시간이 해결해 주다
여자/ 남자 친구가 없다	어딘가에 인연이 있다	짚신도 짝이 있다

단어장
쥐구멍에도 볕(이) 들다
엉망
살인범
무기징역
인연

-(으)려던 참이다

가까운 시간 내에 어떤 일을 하려는 의도를 나타낼 때 사용한다.

예 문

소피아 : 여보세요? 송영? 내가 전화하려던 참이었는데…….
송　영 : 아직 점심 안 먹었으면 같이 먹자고 전화했어.
소피아 : 잘 됐네. 지금 점심 먹으러 나가려던 참이야.
송　영 : 그래. 그럼 학교 식당 앞에서 봐.

연 습

1. 가 : 제가 학원에서 배워서 만든 케이크인데 드셔 보세요.
   나 : 고마워요. 마침 배가 고파서 ______________________

2. 가 : 휴대전화를 잃어버리면 바로 분실신고를 해야지.
   나 : 그래서 지금 막 ______________________

3. 가 : 요즘 몸이 안 좋다면서요? 건강검진은 받았어요?
   나 : 안 그래도 ______________________

4. 가 : 대통령 선거 결과 봤지?
   나 : 안 그래도 ______________________

단어장
선거
투표(하다)
투표소

말해 봅시다

예 문 과 같이 대화해 보십시오.

전화한 이유	하려던 일	장소
점심을 안 먹다 / 같이 먹다	점심 먹으러 나가다	학교 식당 앞
출발 안 하다 / 산에 같이 올라가다	집에서 나가다	금정산 입구
투표를 안 하다 / 같이 하러 가다	투표하러 나가다	투표소

읽고 말하기 시장 선택 기준

41

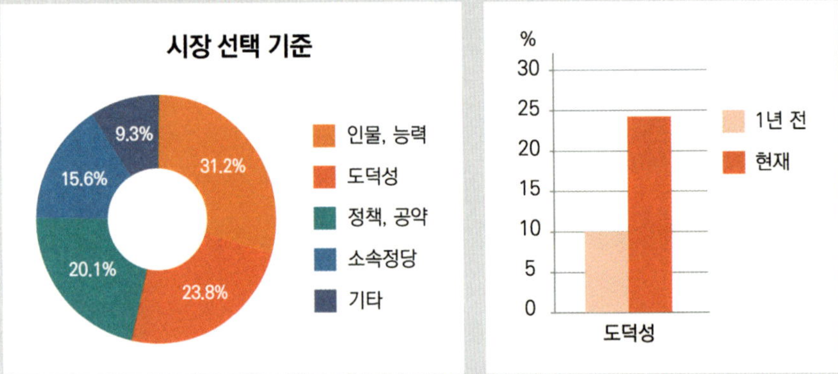

이 표는 한 여론 조사 기관이 직장인 500명을 대상으로 시장을 선택하는 기준에 대해 설문조사를 한 결과이다.

조사 결과에 따르면 유권자들은 시장을 선택하는 기준으로 '능력'(31.2%)을 가장 많이 고려하는 것으로 나타났다. 다음으로 '도덕성'(23.8%)이 그 뒤를 따랐는데 이는 지난번 시장 선거와는 월등한 차이를 보이는 부분이다. '정책·공약'(20.1%)은 세 번째 순이었고 소속정당(15.6%)이 그 뒤를 이었다. 이에 비해 후보자의 정치 경력(4.1%)이나 주위 평가(2.5%), 개인적 연고(1.2%)는 5% 미만으로 다른 기준에 비해 중요도가 낮은 것으로 조사되었다.

이 조사 결과를 통해서 유권자들은 후보자의 정치적 배경보다 능력을 더 중요시한다는 것을 알 수 있다. 또한 후보자의 도덕성도 시장을 선택하는 중요한 기준이라는 것을 알 수 있다.

단어장

- 여론 조사
- 유권자
- 고려하다
- 도덕성
- 월등하다
- 소속
- 정당
- 연고
- 자질

이야기해 봅시다

- 여러분은 시를 대표하는 시장의 자질로 무엇이 중요하다고 생각합니까? 그 이유는 무엇입니까?

• 여러분은 투표를 해본 적이 있습니까?

◉ 다음을 듣고 물음에 답하십시오.

42

1. 들은 내용을 정리해 보십시오.

대통령이 갖추어야 할 자질		**이유**
동우		
소피아		

2. 들은 내용과 같은 것을 고르십시오. (　　)
   ① 동우가 지지한 사람이 과대표로 뽑혔다.
   ② 소피아의 과에서는 리더십이 있는 사람이 대표가 되었다.
   ③ 대통령의 자질에 대해 동우와 소피아의 의견이 일치한다.
   ④ 동우는 대통령 선거에서 뽑을 사람을 아직 결정하지 못했다.

단어장
- 지지하다
- 포용력
- 한창
- 결단력

이야기해 봅시다

• 여러분이 대통령을 뽑는다면 어떤 자질을 갖춘 사람을 뽑겠습니까? 그 이유는 무엇입니까?

대통령의 자질	이유

• 여러분은 선거의 4대 원칙에 대해 알고 있습니까?

비밀

보통

평등

직접

◉ 다음 글을 읽고 물음에 답하십시오.

여성이 인간입니까?

국민 여러분, 저는 지난 대통령 선거에서 투표권이 없는데도 투표를 했다는 죄로 심판을 받기 위해 오늘 이 자리에 섰습니다. 저는 헌법에 있는 대로 모든 국민이 가지고 있는 권리를 행사하려고 했을 뿐입니다. 그래서 저는 투표한 사실이 죄가 아님을 증명하려고 합니다.

......

어떤 나라든지 투표를 할 때 성별을 제한한다면 이는 국민의 절반이 참정권을 빼앗기는 결과를 가져오게 됩니다. 이는 곧 이 땅의 최고법인 헌법을 위반하는 것입니다. 이로 인해 이 땅의 딸들에게 자유는 영원히 허락되지 않을 것입니다.

......

이제 해결해야 할 문제는 하나뿐입니다. 여성이 인간입니까? 누구도 아니라고 대답할 사람은 없을 겁니다. 여성이 사람이라면 여성은 국민이기도 합니다. 어떤 국가도 국민의 권리를 축소하거나 빼앗을 권리는 없습니다. 따라서 여러 주의 법으로 여성을 차별하는 것을 당장 중단하여야 할 것입니다. 그리하여 여성에게 정당한 권리를 행사할 수 있는 기회를 주어야 할 것입니다.

「참정권을 위한 법정 진술」 1872.
Susan Brownell Anthony(수전 브라우넬 앤서니)
미국에서 여성 참정권 운동을 시작한 선구자(1820~1906)

단어장

투표권
심판(을) 받다
헌법
(권리를) 행사하다
증명(하다)
참정권
위반(하다)
축소(하다)
정당하다

1. 각 문단의 내용을 정리해 보십시오.

문단	소제목	내용
1	법정에 선 이유	
2	헌법의 위반	
3	해결 방법	

2. 이 글의 내용과 같은 것을 고르십시오. (　　)

① 국가가 개인의 권리를 제한하는 것은 정당하다.
② 당시 여성은 국민으로서의 권리를 모두 누렸다.
③ 헌법은 국가의 가장 기본적이고도 중요한 법이다.
④ 헌법에 따르면 여성의 참정권 주장은 정당하지 않다.

단어장
(권리를) 누리다

이야기해 봅시다

- 자신의 권리를 제한 당한다면 어떻게 하겠습니까?

◉ 다음 도표를 보고 비교 · 분석하는 글을 써 보십시오.

역대 대선 투표율(%)

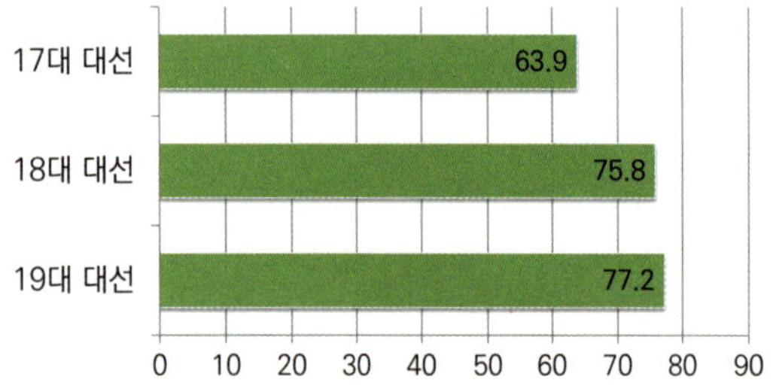

출처	중앙선거관리위원회
증가 원인	정치에 대한 관심
기대	투표율 80% (20대 대선)

소개	
비교·분석	
기대 및 전망	

▶ 위의 글을 원고지에 써 보십시오.

관용어

눈에 흙이 들어가다	죽어서 땅에 묻히다

가 : 아버지, 우리 이 집 팔고 아파트로 이사 가요.
나 : 내 눈에 흙이 들어가기 전에는 절대 안 된다.
가 : 아니, 왜 그렇게 반대하시는 거예요?
나 : 이 집은 우리 부모님이 남겨주신 유산이다.

의태어

차곡차곡	물건을 가지런히 포개거나 겹쳐서 쌓는 모양
토닥토닥	물체를 연달아 가볍게 두드리는 소리. 또는 그 모양

1. 가 : 봄이 되었으니까 대청소 한 번 하자.
자, 먼저 창문부터 열고 청소 시작!
나 : 대학교 때 책들이 많은데 이 책들은 다 어떡할까?
가 : 우선 작은 방에 ______________ 쌓아 둬.

2. 가 : 아기가 밤에 잠을 잘 안 자요. 보통 아기를 어떻게 재워요?
나 : 그래요? 저는 가슴을 ______________ 두드려 주면 잘 자던데…….
가 : 저도 그렇게 해 봤는데 잘 안 자더라고요.
나 : 그럼 방을 조금 어둡게 해서 재워 보세요.

15과 운을 믿으세요?

학습목표

| **대화** 운 좋은 경험
| **읽고 말하기** 머피의 법칙

| **듣기** 네 잎 클로버의 상징
| **읽기** 운 좋은 사나이
| **쓰기** 운과 노력

| **문법과 표현1** -나 보다
| **문법과 표현2** 마저

| **관용어와 의태어**
삼천포로 빠지다
티격태격 / 허겁지겁

15과 대화 운 좋은 경험

43

기무라 : 안나 씨, 안녕하세요?

안 나 : 아, 기무라 씨, 오셨어요?

기무라 : 근데, 뭐 좋은 일이 있나 봐요. 얼굴이 싱글벙글하네요.

안 나 : 사실은 오늘 오전에 집 근처 마트에서 100만원 상품권을 선물로 받았어요.

기무라 : 그래요? 어떻게 그런 큰 선물을 받게 됐어요?

안 나 : 글쎄, 그게 아주 우연히 생긴 일 때문이에요. 마트에서 계산하려고 줄을 서 있는데 어떤 할머니 한 분이 제 앞에 불쑥 끼어들더라고요.

기무라 : 기분이 많이 상했겠네요.

안 나 : 네. 그런데 할머니 뒤에 있던 아이마저 새치기를 하는 게 아니겠어요?

기무라 : 저런, 정말 황당했겠네요.

안 나 : 황당했지만 어쩔 수 없이 기다렸다가 계산을 하려고 했어요. 그런데 갑자기 축하 음악이 나오면서 모든 직원들이 저를 향해 손뼉을 치는 거예요. 제가 이 마트를 찾은 만 번째 고객이었던 거예요.

기무라 : 와우! 오늘 새치기를 한 할머니와 아이 덕분에 안나 씨가 큰 선물을 받은 셈이네요.

안 나 : 그러네요. 아무튼 저에게 좋은 일이 생겼으니 오늘은 제가 기무라 씨에게 한턱낼게요.

기무라 : 오늘은 저에게도 운이 좋은 날이네요.

단어장
불쑥
끼어들다
새치기(하다)
황당하다

이야기해 봅시다

• 다음의 내용으로 위의 **대화**처럼 친구와 대화해 보십시오.

상황	나쁜 경험	좋은 결과
100만원 상품권을 받다	마트에서 계산할 때 뒷사람이 새치기를 하다	마트의 만 번째 고객으로 당첨되다
소식이 끊긴 친구를 찾다	퇴근할 때 버스를 잘못 타다	초등학교 때 가장 친했던 친구를 만나다
얼마 전부터 기억력이 좋아지다	폭우가 내리는 날 벼락을 맞다	천재처럼 머리가 좋아지다

-나 보다

어떤 상황을 바탕으로 말하는 이의 추측을 나타낼 때 사용한다.

예문

소피아 : 잠시 후에 신입생 환영회를 시작하겠습니다.
아직 안 온 사람 있나요?
동 우 : 제임스 씨가 아직 안 왔어요. 퇴근시간이라 길이 많이 막히나 봐요.
민 지 : 송영 씨는 오늘 못 온다고 했어요. 아까 동물병원에 간다고 했어요. 집에서 키우는 강아지가 많이 아픈가 봐요.

연습 다음 그림을 보고 추측을 나타내는 문장을 써 보십시오.

1.
▪
▪
▪

2.
▪
▪
▪

말해 봅시다

예문 과 같이 대화해 보십시오.

추측	불참 이유 / 추측
제임스- 퇴근시간이라 길이 많이 막히다	송영 - 동물병원에 가다 / 키우는 강아지가 많이 아프다
왕붕 - 집이 멀어서 늦다	기무라 - 아직 일본에 있다 / 비행기표를 못 구하다
꾸언 - 길을 몰라서 헤매다	상우 - 운전면허 학원에 가다 / 운전면허 시험을 치다

단어장
헤매다

마저

'맨 마지막 것까지도'의 의미를 나타낸다.

예 문

안 나 : 제임스 씨, 무슨 일 있어요? 표정이 어둡네요.
제임스 : 고향에서 나쁜 소식을 들어서요.
안 나 : 무슨 일인데요?
제임스 : 부모님께서 경영하시던 회사가 어려워졌나 봐요.
그래서 부모님께서 차도 팔고 집마저 파셨대요.
안 나 : 힘내세요. 괜찮아질 거예요.

연 습

1. 가 : 여행 잘 다녀왔어요?
   나 : 아니요. 여행지에서 지갑을 잃어버렸는데 ________________ 잃어버려서 큰일 날 번했어요.

2. 가 : 영화표 예매했지?
   나 : 아니. 못했어. ________________________________

3. 가 : 오늘 또 지각했네.
   나 : 죄송합니다. 버스정류장에는 일찍 갔는데 버스도 안 오고 ____________ 잡히지 않더라고요.

4. 가 : 설 연휴인데 고향도 못 가셨다면서요? 식사라도 잘 챙겨 드셨나요?
   나 : 아니요. 설 연휴라 식당은 물론이고 ________________________ 라면으로 대충 끼니를 때웠어요.

말해 봅시다

예 문 과 같이 대화해 보십시오.

부정적인 상황	주요 내용
고향에서 나쁜 소식을 듣다	부모님이 경영하시던 회사가 어려워지다 / 부모님께서 차도 팔고 집도 파시다
동생에게 문제가 생기다	동생이 우울증에 걸리다 / 친구들도 안 만나고 전화도 안 받는다
동아리 친구들과 오해가 생기다	친구들이 모두 내가 거짓말을 했다고 생각하다 / 가장 믿었던 친구도 나를 믿지 않다

단어장
끼니를 때우다

읽고 말하기 머피의 법칙

44

머피의 법칙은 미국의 항공기 엔지니어였던 머피가 발견한 법칙입니다. 1949년 에드워드 공군기지에서 있었던 한 실험이 실패로 끝났는데 어떤 기술자의 사소한 실수가 원인이었죠. 이때 실수를 저지른 그 기술자를 보고 현장에 있던 머피가 이렇게 말했다고 합니다. "잘못될 수 있는 일이라면 틀림없이 누군가 그 잘못을 저지르기 마련이다." 이렇게 머피의 법칙은 '잘못될 가능성이 있는 것은 어김없이 잘못되어 간다'는 의미입니다. 그런데 최근에는 나쁜 일이 겹쳐서 일어날 때도 자주 인용되는 말입니다.

예전에 한국의 인기 그룹이 불러 히트한 노래 〈머피의 법칙〉에도 그런 내용이 나옵니다. 그냥 지나칠 때는 자주 오던 버스도 타려고만 하면 안 온다든지 목욕탕에 가려고 준비해서 나갔는데 하필 그날이 정기휴일이라든지 하는 것 등입니다.

그런데 한국의 속담에서도 머피의 법칙을 발견할 수가 있습니다. 예를 들어 '재수가 없는 사람은 뒤로 넘어져도 코가 깨진다'라는 말이 있습니다. 보통 뒤로 넘어지면 엉덩이를 다치는데 왜 코가 깨질까요? 또 '설상가상(雪上加霜)'이라는 말도 머피의 법칙과 관련 있으니 서양이나 동양이나, 예나 지금이나 사람들의 생각은 비슷하다는 것을 알 수 있습니다.

단어장
- 발견하다
- 항공기
- 엔지니어
- 공군기지
- 실수를 저지르다
- 인용(되다)
- 재수가 없다

이야기해 봅시다

- 여러분이 경험한 머피의 법칙이 있습니까?

15과 듣기

• 다음 그림을 보고 이야기해 보십시오.

45

◉ 다음을 듣고 물음에 답하십시오.

1. 들은 내용을 정리해 보십시오.

클로버 소개	
네 잎 클로버 상징 유래	
세 잎 클로버 의미	

2. 들은 내용과 같은 것을 고르십시오. (　　)

① 클로버는 어둡고 깊은 산 속에서 볼 수 있는 풀이다.
② 네 잎 클로버는 나폴레옹이 처음 발견해서 유명해졌다.
③ 네 잎 클로버는 자연 상태에서 생기는 것이 불가능하다.
④ 세 잎 클로버는 네 잎 클로버에 비해 소홀하게 취급받고 있다.

단어장
(잎이) 달리다
확률
희귀성
상징(하다)
전투
말발굽
(허리를) 굽히다
총알
스치다
소홀하다
취급받다

이야기해 봅시다

• 다음은 각국에서 행운을 상징하는 것입니다. 왜 행운의 상징이 되었을지 찾아봅시다.

몽골	인도	중국	터키	한국

독수리	빈디	숫자 8	나자르 본주	복조리

• 다음 중 어느 것이 여러분에게 행운을 가져다 줄 것 같습니까?

◉ 다음 글을 읽고 물음에 답하십시오.

세상에 이런 사람도 있다!

지난 23일 영국 방송은 '정말 운 좋은 사나이'에 대해 보도했다. 그 사람은 54세 존 씨로 현재 영국의 어느 작은 시골 마을에 살고 있다. 그는 태어나면서부터 지금까지 남들이 한 번 경험하기도 힘든 일을 여러 번 겪었다고 한다. 하지만 그는 긍정적인 생각으로 힘든 일들을 극복하고 누구보다 열심히 살며 인생을 즐기고 있다고 한다.

존 씨는 태어날 때부터 운이 아주 좋았다고 한다. 폐가 잘 자라지 않아 얼마 살지 못할 것이라는 의사들의 진단에도 불구하고 지금까지 잘 살고 있다. 어린 시절, 말에서 떨어지는 바람에 팔이 부러져 병원으로 옮겼는데 옮기는 도중 자동차 사고를 당하고 말았다. 그렇지만 운 좋게도 제때에 치료를 받아 별 이상 없이 나을 수 있었다.

이 같은 골절 사고는 그가 겪은 이후의 다른 사고에 비하면 아무 것도 아니었다. 그는 두 번이나 벼락을 맞았지만 목숨을 건졌고 아주 큰 자동차 사고를 세 번이나 당했고 또 익사 직전까지 가는 순간도 경험했다.

이 같은 사고에도 운 좋게 목숨을 유지한 존 씨는 최근에 다시 한 번 언론을 탔다. 맨홀 구멍에 빠졌는데 등과 다리에 큰 부상을 입었지만 목숨은 구했다고 한다. 사고를 당한 존 씨는 이번에도 전혀 슬퍼하지 않았는데 그것은 자신이 살아 있다는 사실 자체가 큰 기쁨이기 때문이라고 한다. 존 씨의 이런 긍정적인 태도는 그가 겪은 많은 시련을 이겨내는 힘이 되었을 것이다. 어떤 시련이 닥칠지라도 헤쳐 나갈 수 있다는 믿음이 있다면 누구나 운 좋은 사람이 될 수 있을 것이다.

단어장

보도하다
폐
진단(하다)
제때(에)
골절
벼락
익사(하다)
직전
언론을 타다
맨홀
부상을 입다
시련이 닥치다
헤쳐 나가다

1. 각 문단의 내용을 정리해 보십시오.

문단	소제목	내용
1	존 씨의 소개	
2	어린 시절 경험	
3	사고 경험	
4	긍정적인 태도	

2. 존 씨에 대한 설명으로 맞는 것을 고르십시오. (　　)

　① 물에 빠져 죽을 뻔한 경험이 있다.
　② 높은 곳에서 떨어져 등과 다리에 부상을 입었다.
　③ 다친 팔을 제때 치료하지 못해 장애를 얻게 되었다.
　④ 어릴 때 말에서 떨어져 폐가 자라지 않는 병이 생겼다.

3. 존 씨가 맨홀 사고를 당했을 때 했을 것 같은 말은 무엇입니까? (　　)

　① "어쩌지? 지나가는 사람도 없을 텐데, 아! 다리는 왜 안 움직이는 거야? 왜 나한테 자꾸 이런 일이 생기는 거지?"
　② "야호! 정말 잘 됐어. 그렇잖아도 머리 복잡한 일이 많은데 나에게 이런 행운이 오다니! 역시 신이 나를 돌보고 계시군."
　③ "괜찮을 거야. 곧 누군가가 지나가거나 여기 일하러 오겠지. 그럼 나를 발견할 수 있을 거야. 지금까지도 나는 잘 살아났잖아."
　④ "어휴, 내가 이쪽으로 안 오고 싶다고 했는데. 아니, 왜 브라운 씨는 이 길이 좋다며 자꾸 가 보라는 거야. 브라운 씨 말만 안 들었어도……."

단어장

이야기해 봅시다

• 여러분이 기자라고 생각하고 존 씨에게 인터뷰하는 질문을 만들어 보십시오.

15과 쓰기

◉ 여러분은 운과 노력 중 무엇이 더 중요하다고 생각합니까? 자신의 생각을 써 보십시오.

처음	자신의 생각 및 관련 격언이나 속담	
가운데	관련 경험이나 보도 내용	
끝	마무리	

▶ 위의 글을 원고지에 써 보십시오.

15과 관용어와 의태어

관용어

삼천포로 빠지다	이야기가 다른 방향으로 진행되거나 어떤 일을 하는 도중에 엉뚱하게 다른 일을 하다

가 : 어제 학부모들 간에 외국어 조기 교육에 대한 토론이 있었다면서? 좋은 의견 많이 나누었어?

나 : 음, 처음에는 토론이 잘 진행되었는데 이야기가 삼천포로 빠지면서 마무리가 좀.....

가 : 그래? 무슨 일이 있었길래?

나 : 조기 교육에 필요한 사교육비 이야기를 하면서 남편 월급에 대한 이야기로 빠진 거야. 결론은 월급이 더 많아져야 한다는 것으로 끝나 버렸지.

의태어

티격태격	서로 마음이 맞지 않아 다투는 모습
허겁지겁	매우 급하거나 당황스러운 일로 침착하지 못한 모습

1. 가 : 우리 옆집에 신혼부부가 이사를 왔는데 그 두 사람 때문에 요즘 좀 힘들어.
   나 : 왜? 너무 부러워서?
   가 : 아니. 두 사람은 눈만 뜨면 ______________ 싸워.
   아침마다 두 사람 다투는 소리에 잠이 깬다니까.

2. 가 : 동우 씨가 학교에 오는 길에 다시 집으로 가는 것 같던데. 무슨 일인지 알아?
   나 : 나도 오다가 만났는데 집에 급한 일이 있나 봐.
   가 : 무슨 일이 있길래 그렇게 ______________ 뛰어갔지?
   나 : 가스 불이라도 켜 두고 왔나? 별일 없어야 할 텐데.

친절한 한국어 4 단어 색인

[ㄹ]

[ㅁ]

[ㅂ]

[ㅅ]

1 과

듣기 2. ③

읽기 2. 손으로 만든 물건 3. ②

2 과

듣기 2. ②

읽기 2. ④ 3. ③

3 과

듣기 2. ②

읽기 2. 넉넉한 휴식과 여가활동 기회를 가질 수 있다.
3. ④

4 과

듣기 2. ①

읽기 2. ③

5 과

듣기 2. ④

읽기 2. ②

6 과

듣기 2. ④ 3. ②

읽기 2. ②

7 과

듣기 2. ②

읽기 2. ③ 3. ①

8 과

듣기 2. ①

읽기 2. ④

9 과

듣기 2. ②

읽기 2. ④

10 과

듣기 2. ③

읽기 2. ①

11 과

듣기 2. ④ 3. ④

읽기 2. ③

12 과

듣기 2. ④

읽기 2. ②

13 과

듣기 2. ③

읽기 2. ④

14 과

듣기 2. ④

읽기 2. ③

15 과

듣기 2. ④

읽기 2. ① 3. ③

14p 1과 아주 활기가 넘치는 도시예요.

듣기 03

앵 커 : 크리스마스인 오늘은 사흘 동안의 황금연휴 첫 날입니다. 이번에도 해외로 나가는 관광객들이 많은데요. 특히 가까운 동남아시아나 중국을 찾는 관광객들이 많습니다. 김태현 기자입니다.

기 자 : 황금연휴 첫날, 인천공항은 해외여행객들로 크게 붐비고 있습니다. 오늘 하루 해외여행에 나선 사람은 15만 여 명으로 평소에 비해 30%가 많았습니다. 여행객 한 분에게 인터뷰를 해 보도록 하겠습니다. 안녕하세요? 어디로 가십니까?

여행객 : 태국으로 가는데요. 지난주까지 표를 못 구해서 여행을 못 갈 줄 알았는데 다행히 가게 돼서 너무 기뻐요. 오랜만에 가족들과 함께 좋은 시간을 보낼 수 있을 것 같아요.

기 자 : 여행객들은 연휴 동안 무리 없이 다녀올 만한 가까운 해외를 주로 찾았습니다. 그 결과 동남아시아나 중국 노선이 운행되는 이른 아침과 늦은 오후가 가장 많이 붐볐고, 이들 노선의 비행기 예약률과 탑승률은 모두 100%였습니다. 인천공항에서 김태현입니다.

24p 2과 장수촌에는 특별한 것이 있다.

듣기 06

진행자 : 올해 하반기부터 텔레비전에서 오후 5시부터 7시까지는 '정크푸드' 광고를 금지하기로 했습니다. 어린이들이 텔레비전을 많이 시청하는 시간대에 햄버거, 프라이드 치킨, 감자튀김 같은 식품 광고를 해당 시간에 하지 못하도록 한 것입니다. 이에 대해 시민 단체와 식품 회사들의 입장이 엇갈리고 있는데요. 오늘은 시민 단체와 식품 회사의 대표들을 모시고 각각의 입장을 들어보도록 하겠습니다. 먼저 시민 단체 측에서 말씀해 주십시오.

시민 단체 대표 : 어린이들은 분별력이 떨어집니다. 그래서 정크푸드 광고를 보면 정크푸드 섭취량이 과다하게 늘어날 수 있습니다. 그러므로 정크푸드 광고를 제한하면 어린이들의 건강을 지킬 수 있다고 생각합니다.

진행자 : 식품 회사의 입장은 어떠십니까?

식품 회사 대표 : 저희는 광고가 어린이들에게 악영향을 준다고 생각하지 않습니다. 광고가 있든 없든 아이들은 자연스럽게 다양한 식품을 접하게 되거든요. 광고는 광고일 뿐이지요. 그보다 부모의 역할이 더 중요하다고 생각합니다. 아이들에게 식품을 사 주는 건 부모니까요. 부모가 아이의 욕구를 적절하게 조절해 준다면 어린이의 비만이나 영양 불균형 문제는 없을 것입니다.

진행자 : 네. 두 분 말씀 잘 들었습니다. 잠시 광고 듣고 오겠습니다.

34p 3과 잘 쉬어야 일도 잘 하죠.

듣기 09

오늘은 여러분께 여름철 레포츠를 소개하려고 합니다. '레포츠'는 여가라는 뜻의 '레저'와 스포츠를 합친 단어입니다. 즉, 레포츠는 한가한 시간에 즐기면서 신체를 단련할 수 있는 운동이라는 뜻이죠. 제가 오늘 소개하려고 하는 여름철 레포츠는 래프팅입니다. 저는 래프팅을 아주 좋아해서 여름이 되면 꼭 친구들하고 강원도에 갑니다. 강원도는 래프팅을 할 만한 곳도 많고 경치도 정말 아름답기 때문입니다.

제가 래프팅을 좋아하는 이유는 급류를 타면서 스피드와 스릴을 즐길 수 있다는 장점 때문입니다. 그리고 여러 사람이 힘을 모아야 가능한 운동이기 때문에 협동심과 인내심을 기를 수 있습니다. 게다가 아름다운 자연을 온몸으로 느낄 수 있다는 장점도 있습니다.

그런데 래프팅을 할 때는 지켜야 할 것이 있습니다. 첫째, 안내자의 말에 잘 따라야 합니다. 둘째, 구명조끼를 입고 안전모를 써야 합니다. 셋째, 개인행동을 절대로 해서는 안 됩니다. 래프팅은 좀 위험한 것 같지만 유의사항만 잘 지킨다면 한번쯤 해볼 만한 레포츠라고 생각합니다.

44p 4과 어떤 옷을 입고 가야 할지 몰라서요.

듣기 12

기자 : 슬리퍼에 반바지 차림으로 다니는 대학생들, 여러분은 어떻게 생각하십니까?
서울의 한 대학교에서 옷차림에 대한 안내문 때문에 문제가 되고 있습니다. 그 안내문은 맨발에 슬리퍼를 신거나 반바지나 운동복을 입은 학생들의 강의실 출입을 금지한다는 내용입니다. 저는 지금 그 대학교 캠퍼스에 나와 있습니다. 교수님 한 분을 모시고 의견을 들어 보겠습니다. 교수님께서는 이런

조치에 대해 어떻게 생각하십니까?

교수 : 맨발에 슬리퍼를 신은 채, 또 반바지를 입은 채로 지하철을 타든, 쇼핑을 하든, 무얼 하든 상관없어요. 하지만 대학 강의실에 들어 올 때는 안 된다는 거예요. 대학은 학문뿐만 아니라 예절도 배우는 곳입니다.

기자 : 학생들은 옷차림 문제로 출입을 금지하는 것이 너무 지나치다는 분위기입니다. 학생의 의견도 들어 보겠습니다.

학생 : 아니, 슬리퍼를 신고 수업을 듣는 게 안 좋게 보일 수도 있지만, 반바지는 좀 그렇잖아요. 우리도 더우니까 입는 건데. 다들 입고 다니는 일반적인 옷차림인데 안 된다고 하는 것은 자율성을 막는 것 같아요.

기자 : 옷차림은 자율과 개성의 상징이라는 학생 측의 입장과 옷차림도 최소한의 예절이고 배움의 대상이라는 교수 측의 입장을 어떻게 조율해 나갈지 주목됩니다. PNU 뉴스 김태현입니다.

54p 5과 우리 인생에 변화를 주는 것은?

듣기 15

진행자 : 여러분 안녕하십니까? '한밤의 클래식'의 박강산입니다. 오늘은 이번 베를린 국제음악콩쿠르에서 1위를 한 바이올린 연주자 장하영 씨와 함께 하겠습니다. 안녕하세요, 장하영 씨?

장하영 : 네, 안녕하세요?

진행자 : 바쁘실 텐데 이렇게 와 주셔서 감사드립니다. 장하영 씨에 대해서 궁금해 하시는 분들이 많으신데요. 먼저 청취자분들께서 궁금해 하시는 것부터 질문 드리겠습니다. 장하영 씨의 어린 시절은 어땠나요?

장하영 : 전 고향이 강원도예요. 여러분도 잘 아시는 것처럼 강원도는 경치가 참 좋잖아요? 어릴 때 저의 집 근처에 강과 산이 있어서 그 풍경을 그림으로 그리는 걸 좋아했어요.

진행자 : 그런데 어떻게 바이올린을 배우게 되셨죠?

장하영 : 어느 날 우연히 바이올린 소리를 듣게 되었는데 너무 아름다워서 배우기 시작했어요.

진행자 : 그럼 바이올린 공부는 어떻게 하신 거예요?

장하영 : 중학교 때 주위 사람들이 권하기에 미국으로 유학을 가서 줄리어드 음대에 입학했어요.

진행자 : 아, 그럼 거기서 공부하다 이번 콩쿠르에서 상을 받게 되신 거군요. 외국에서 공부하시느라 고생이 많으셨겠어요?

장하영 : 네, 포기하고 싶을 만큼 힘들었지만 꿈을 이루기 위해 열심히 노력했어요.

진행자 : 마지막으로 제 2의 장하영을 꿈꾸는 학생들에게 한 말씀 부탁드립니다.

장하영 : 여러분, 포기하지 않는 한 언젠가는 꿈을 이룰 수 있습니다. 자신을 믿고 최선을 다하세요.

진행자 : 오늘 나와 주신 장하영 씨께 감사드립니다. 장하영 씨의 바이올린 연주를 끝으로 인사드리겠습니다.

64p 6과 휴대전화를 잃어버렸어요.

듣기 18

진행자 : 여러분, 안녕하세요. 오늘은 한마음 병원 김문수 박사님을 모시고 디지털 치매증후군에 대해 알아보겠습니다. 안녕하십니까? 박사님. 치매는 들어 봤는데 디지털 치매증후군은 무엇인가요?

박 사 : 디지털 치매증후군은 디지털 기기들이 보급되면서 사람들이 자신의 뇌는 사용하지 않고 디지털 기기에만 너무 의존하는 바람에 기억력이 감퇴되어 나타나는 현상입니다. 즉, 뇌가 기억하려는 노력을 하지 않고 쉬는 것이지요.

진행자 : 디지털 치매증후군의 구체적인 사례로는 어떤 게 있나요?

박 사 : 가사를 보지 않으면 애창곡도 부를 수 없다거나 자주 다니는 길도 내비게이션 없이는 못 가는 경우 등입니다. 또 외우고 있는 전화번호가 집과 가족의 것이 전부라면 디지털 치매증후군을 한번쯤 의심해 봐야 합니다. 특히 디지털 기기를 많이 사용하는 20대에서 40대의 젊은 층이라면 더더욱 그렇습니다. 디지털 치매증후군은 건망증과 유사한 가벼운 기억장애이지만 오래될 경우 치매로 진전될 수도 있기 때문에 예방을 위한 노력이 필요합니다.

진행자 : 그렇다면 디지털 치매증후군을 예방하기 위해서는 일상생활에서 어떻게 해야 합니까?

박 사 : 뇌를 많이 사용하는 활동을 하는 것이 좋습니다. 매일 일기를 쓰거나 신문을 집중해서 읽거나 간단한 계산은 계산기를 사용하지 말고 직접 해 보는 것 등이 도움이 되겠죠. 또 전화번호는 단축키 대신 직접 눌러 사용하는 것이 예방에 도움을 줄 수 있습니다.

진행자 : 디지털 치매증후군을 극복하기 위해서는 디지털 기기의 사용을 줄이고 직접 쓰고 읽고 기억하려는 습관을 가져야 한다는 말씀이시군요. 좋은 말씀 감사합니다.

74p 7과 당신은 어떻게 생각하세요?

듣기 21

앵커 : 다음은 문화계 소식입니다.
제40회 서울연극제가 5월 28일 개막합니다. 본 연극제는 29일까지 대학로에서 열리는데 토론 형태의 특이한 연극을 선보인다고 합니다. 사형 제도를 놓고 토론을 벌이는 형식의 이 연극은 벌써부터 많은 관객들의 관심을 끌고 있습니다.

민지 : 동우야, 너는 사형 제도에 대해 어떻게 생각하니?

동우 : 나는 사형보다는 다시 한 번 기회를 줘서 새 삶을 살 수 있도록 도와주는 게 더 낫다고 생각해.

민지 : 난 좀 다른데……. 죄를 지으면 벌을 받아야 한다고 생각해.

동우 : 하지만 사형은 너무 비인간적이야. 아무리 큰 죄를 지었다고 해도 사람을 사형하는 것 또한 살인이잖아. 사형보다는 교도소에 보내서 잘못을 반성하도록 하는 게 더 나은 것 같아.

민지 : 교도소에 가는 것만으로 죄를 용서받기 어려운 사람들도 많아. 세상에 얼마나 무서운 범죄들이 많니? 범죄의 피해자나 그 가족들 생각도 해야지.

동우 : 그렇긴 하지만 사형까지는 너무한 것 같아. 검사나 판사가 판단을 잘못해서 죄가 없는 사람을 죽일 수도 있잖아.

민지 : 그 말도 일리가 있지만 사형에 대한 두려움을 갖게 하면 무서운 범죄를 줄일 수도 있다고 생각해.

동우 : 그래도 생명은 귀중한 거잖아. 사형 말고 다른 방법을 찾는 것이 더 옳다고 생각해.

84p 8과 제 부탁 좀 들어주실래요?

듣기 24

왕 붕 : 소피아 씨, 뭐 찾아요?

소피아 : 쓰레기통을 찾고 있어요. 한국 와서 느낀 건데요, 거리에 쓰레기통이 없어요.
거리에 쓰레기통이 없으니까 어쩔 수 없이 아무 데나 쓰레기를 버리게 되는 것 같아요.

왕 붕 : 저도 그것 때문에 한국에 처음 왔을 때 많이 불편했어요.
한국 친구들에게 들었는데 예전에는 한국에도 거리에 쓰레기통이 많이 설치되어 있었대요. 그런데 쓰레기 처리 문제가 심각해지자 쓰레기 종량제를 실시하게 되었고 그 이후로 거리에 쓰레기통이 사라졌다고 하더라고요.

소피아 : 그렇지만 관광지에는 쓰레기통이 있어야 할 것 같아요. 관광하는 사람들 입장에서는 많이 불편하거든요. 근데, 왕붕 씨는 한국에서 생활하면서 불편한 점 없어요?

왕 붕 : 저는 버스를 탈 때 좀 무섭고 힘들어요.
얼마 전에 10번 버스를 탔는데 버스 운전사의 난폭 운전 때문에 정말 죽는 줄 알았어요. 버스 운전사는 승객이 앉지도 않았는데도 출발하더라고요. 게다가 신호도 무시한 채 달리지 뭐예요? 오늘도 같은 버스를 탔는데 마찬가지였어요.

소피아 : 그런 일이 있었군요. 우리 이런 불편 사항을 한번 건의해 보는 건 어때요?

왕 붕 : 어떻게요?

소피아 : 지난번에 동우 씨가 그러던데 불편 사항이나 불만 사항 같은 것을 제보하는 텔레비전 프로그램도 있고 시청 홈페이지에도 의견을 쓸 수 있다고 했어요.

왕 붕 : 그래요? 그럼, 저는 시청 홈페이지에 건의할게요. 소피아 씨는 방송국에 제보해 보세요.

94p 9과 입장 바꿔 생각해 봐.

듣기 27

민수 : 저, 퇴근하겠습니다. 수고하십시오.

태현 : 민수 씨는 오늘도 칼퇴근이네.

안나 : 칼퇴근이 무슨 말이에요?

태현 : 퇴근 시간에 딱 맞춰서 퇴근한다는 말이에요. 6시가 퇴근 시간이면 6시 정각에 퇴근한다는 거죠.

안나 : 퇴근 시간이 되면 퇴근하는 건 당연한 일이잖아요.

태현 : 한국에서는 자기 일을 다 끝냈더라도 다른 동료가 일을 하고 있으면 남아서 도와주거나 내일 할 일을 미리 하면서 퇴근 시간을 늦추곤 해요.

안나 : 왜요? 그건 너무 비효율적인 거 아니에요?

태현 : 그렇긴 한데 자기 일 끝냈다고 바로 퇴근해 버리면 직장 생활이 힘들어져요. 그래서 칼퇴근을 할 때는 다른 사람들의 눈치를 보면서 살금살금 퇴근해요.

안나 : 퇴근 시간에 맞춰서 퇴근하는 게 문제가 된다는 게 이해가 안 돼요. 왜 다른 사람의 눈치를 봐야 하는 거예요?

태현 : 한국에서는 동료가 일하고 있는데 먼저 퇴근하면 왠지 마음이 불편해요.

안나 : 불편해 하지 않아도 될 텐데…….

태현 : 요즘은 한국도 달라지고 있어요. 앞으로 한국도 칼퇴근 문화가 자리잡을 것 같아요.

104p 10과 외국어 공부, 어떻게 하고 계세요?

듣기 30

요즘 외국어 실력이 대단한 사람들이 많습니다. 그중에는 외국에서 오랫동안 생활을 했기 때문에 마치 원어민처럼 유창하게 말하는 사람들도 있습니다. 반면에 국내에서 자신의 노력만으로 뛰어난 실력을 갖춘 사람들도 있습니다.

영어 강사로 일하는 김영호 씨는 뻔뻔함으로 영어를 배웠다고 합니다. 영어권 국가에서 어학연수를 해 본 경험이 전혀 없는 김영호 씨는 잘 못하더라도 당당하게 외국인을 대하면서 영어를 정복했다고 합니다.

중국어 번역가인 정수영 씨는 자신의 꿈을 이루기 위해 하루에 10시간씩 중국어 학습에 전념했다고 합니다. 특히 중국 드라마와 영화를 즐겨 본 것이 실생활에 자주 쓰이는 표현과 어휘를 익히는 데 큰 도움이 되었다고 합니다.

마지막으로 베트남에서 무역일을 하고 있는 이성태 씨는 베트남 여자 친구를 만나면서 베트남어 실력이 급격히 늘었다고 합니다. 여자 친구와 대화를 나누기 위해 밤낮으로 열심히 베트남어를 공부했다고 합니다.

이렇게 보면 이 사람들의 외국어 학습 비법은 뻔뻔함, 집념, 강한 동기 등으로 정리할 수 있습니다. 하지만 이런 외국어 학습 방법이 모든 사람들에게 다 맞을 수는 없습니다. 그러므로 자신에게 맞는 효과적인 외국어 학습 방법을 찾는 것이 바람직합니다.

114p 11과 취업 준비를 어떻게 해야 하죠?

듣기 33

면접관 : 먼저 자기소개를 간단히 해 보십시오.

송　영 : 안녕하십니까? 저는 중국에서 온 송영이라고 합니다. 중국에서 디자인을 전공하고 2년 전부터 대한대학교에서 한국어를 배우고 있습니다.

면접관 : 한국어 능력은 어느 정도 됩니까?

송　영 : 한국어능력시험 고급에 합격했습니다.

면접관 : 그럼, 한국 회사에서 업무를 보는 것에는 별 어려움이 없는 셈이겠네요.
우리 회사에 지원한 동기는 무엇입니까?

송　영 : 저는 예전부터 미용에 관심이 많았는데 한국 화장품을 써 보고 반했습니다. 그래서 가장 유명한 화장품 회사인 이곳에 지원하게 되었습니다.

면접관 : 최근 화장품 시장의 트렌드는 뭐라고 생각합니까?

송　영 : 여러 가지가 있겠지만 제가 생각하는 트렌드는 '자연주의'라고 생각합니다.
웰빙 문화가 확산되면서 건강과 미용을 함께 고려하는 소비자가 늘고 있습니다. 그래서 자극적인 제품보다는 천연재료를 이용한 친환경적인 제품이 좋다고 생각합니다. 순하고 깨끗한 제품이야말로 고객의 마음을 사로잡을 수 있다고 생각합니다.

면접관 : 그러면 송영 씨는 우리 회사의 발전을 위해 현재 가장 필요한 것이 뭐라고 생각합니까?

송　영 : 저는 고객의 목소리에 귀를 기울이는 거라고 생각합니다. 그러기 위해 제품 사용 후기를 꼼꼼히 확인하는 것이야말로 회사 발전에 큰 도움이 된다고 생각합니다.

면접관 : 네, 잘 들었습니다. 좋은 결과가 있기를 바랍니다.

124p 12과 어떤 축제가 유명해요?

듣기 36

세계에서 가장 많은 축제가 열리는 나라는 스페인이다. 스페인에서도 대표적인 축제인 토마토 축제는 그 유래가 여러 가지가 있다. 가장 널리 알려진 것은 민속 축제에서 청소년들이 말다툼을 하다가 노점에 있던 채소를 던진 것에서 시작되었다는 이야기이다. 또 다른 유래로 1944년 토마토 가격이 폭락했을 때 화가 난 농부들이 항의의 표시로 시의원들에게 토마토를 던진 것에서 시작되었다는 이야기도 있다.

토마토 축제에서 가장 큰 행사는 바로 토마토 던지기이다. 토마토 던지기는 8월 마지막 주 오전 11시에 시작해서 한 시간 동안만 진행된다. 한 시간이 지나면 더 이상 토마토를 던질 수 없다. 그 후에는 소방차가 물을 뿌리며 거리를 청소한다. 자칫 다칠 수도 있는 축제이기 때문에 고글과 장갑, 쉽게 벗겨지지 않는 신발을 착용하는 것이 좋다.

8월의 마지막 주에 스페인에 가서 열정적인 하루를 보내는 것도 즐거울 것 같다.

134p 13과 이러다 지구가 쓰레기장이 되겠어요.

듣기 39

아나운서 : 오늘은 환경의 날을 맞아 서지영 박사님을 모시고 수질 오염의 대책 중 하나인 갯벌의 역할과 가치에 대해 알아

보도록 하겠습니다.

박사님, 왜 우리가 갯벌을 보존해야 하는지 그 이유를 좀 말씀해 주시겠습니까?

박 사 : 그건 갯벌에 의존해서 살아가는 동식물이 많기 때문입니다. 갈대, 조개, 갯지렁이 등 많은 생물들이 갯벌에 의존해서 살죠.

아나운서 : 다양한 생물종을 보존하기 위해서 필요하다는 말씀이시군요.

박 사 : 네, 그렇지요. 그뿐만 아니라 갯벌은 육지에서 바다로 가는 더러운 물을 깨끗하게 해 주지요. 갈대 같은 식물들이 맨 먼저 오염된 물을 걸러주고요. 그 다음에는 조개와 갯지렁이가 물과 갯벌 속에 있는 부스러기를 먹게 됩니다. 그렇게 해서 육지에서 내려오는 더러운 물을 깨끗하게 만들어서 바다로 보내게 되지요.

아나운서 : 한 마디로 바다의 오염을 막아 주는 거군요. 비용도 안 들고요. 결국 갯벌을 지키는 것이 바다를 깨끗하게 하는 방법이 되겠군요.

박 사 : 네. 또 갯벌은 기후 조절도 해 주고 여기서 사는 사람들의 생활을 도와줍니다. 예를 들면 머드 축제나 갯벌 체험을 할 수 있는 관광지가 되어 주기도 하지요.

아나운서 : 박사님 말씀을 들으니 갯벌의 역할이 참 많네요. 갯벌을 꼭 보존해야겠습니다. 박사님, 오늘 좋은 말씀 감사드립니다.

144p 14과 투표하러 나가려던 참이에요.

듣기 42

동 우 : 소피아 씨 과도 대표를 새로 뽑았다면서요?

소피아 : 네. 안 그래도 물어보려던 참이었는데……. 동우 씨 과는 어떤 학생이 대표로 뽑혔어요?

동 우 : 제가 지지한 사람은 아니지만 리더십이 있고 책임감 있는 사람이 뽑혔어요.

소피아 : 그렇군요. 우리 과는 포용력 있는 사람이 뽑혀서 대부분 만족하는 것 같아요.

근데 다음 주에 대통령 선거가 있다면서요?

동 우 : 네. 요즘 선거 운동이 한창이던데 어떤 후보를 뽑을지 고민이에요.

소피아 : 동우 씨는 어떤 사람이 대통령이 되어야 한다고 생각해요?

동 우 : 저는 대통령은 결단력과 추진력이 있는 사람이 되어야 한다고 생각해요.

소피아 : 결단력과 추진력이요?

동 우 : 네. 일이 생겼을 때 빨리 결정해서 해결해 나가는 능력이야 말로 대통령에게 가장 필요한 자질이라고 생각해요. 소피아 씨는요?

소피아 : 음, 물론 그것도 중요하지만 도덕성도 중요한 자질 중의 하나라고 생각해요.

동 우 : 거짓이 없고 깨끗한 사람을 말하는 건가요?

소피아 : 네. 아무리 능력 있는 사람이라도 옳고 그름을 판단하지 못해서 잘못된 결정을 한다면 국민의 대표가 되기 어려운 법이거든요.

동 우 : 그렇겠네요. 태어나서 처음 하는 대통령 선건데……. 결정하기가 너무 어려워요!

154p 15과 운을 믿으세요?

듣기 45

클로버는 유럽에서 전해진 식물로 토끼풀이라고도 부릅니다. 길가나 낮은 산 등 햇빛이 잘 드는 곳에서 흔하게 볼 수 있는 풀입니다. 클로버는 보통 잎이 세 개입니다. 그런데 드물게 잎이 네 개 달린 클로버도 볼 수 있습니다. 네잎 클로버는 특이한 종류로 자연 상태에서 네 잎 클로버를 찾을 확률은 1/10,000이라고 합니다. 이러한 희귀성으로 사람들은 네 잎 클로버를 신기하게 생각합니다.

그런데 이런 네 잎 클로버가 행운을 상징하게 된 것은 언제부터일까요? 여러 이야기가 있지만 오늘 소개할 이야기는 프랑스의 황제 나폴레옹과 관련된 이야기입니다. 나폴레옹이 러시아 군대와 전투를 하고 있을 때의 일입니다. 나폴레옹이 말발굽 밑에 있는 네 잎 클로버를 발견하고 그것을 따려고 허리를 굽혔습니다. 바로 그때 총알이 나폴레옹의 머리 위로 스쳐 지나갔다고 합니다. 네 잎 클로버가 나폴레옹의 생명을 구한 셈이지요. 이때부터 네 잎 클로버가 행운의 상징이 되었다는 것입니다.

이렇게 행운을 상징하는 네 잎 클로버를 찾기 위해 우리는 수많은 세 잎 클로버를 밟거나 지나치곤 합니다. 그런데 세 잎 클로버는 무엇을 의미하는지 아시나요? 바로 행복입니다. 우리는 얻기 힘든 행운을 위해 평범한 일상의 작은 행복은 놓치고 사는 것은 아닐까요?

• 사진

쪽	과	영역	출 처	비고
14	1	문화	협조 : 부산시 해운대구청	북극곰 수영대회
14	1	문화	저작자 : http://cafe.naver.com/hanuribs/79	자갈치 시장
14	1	문화	협조 : 부산시 해운대구청	부산국제영화제
14	1	문화	저작자 : http://www.cyworld.com/inkt1217/7353528	사직야구장
124	12	문화	저작자 : http://blog.naver.com/blue5221	이탈리아-베네치아 축제
124	12	문화	저작자 : 필루	한국-부산세계불꽃 축제
124	12	문화	저작자 : Jonik (by creative commons)	브라질-리우 축제
124	12	문화	저작자 : Takeaway (by creative commons)	태국-송크란 축제
124	12	문화	저작자 : Yuichi (by creative commons)	영국-노팅힐 축제
124	12	문화	저작자 : http://photohousekyoto.cocolog-nifry.com/blog/maturei08.html	일본-기온 축제
124 129	12	문화	저작자 : flydime (by creative commons)	스페인-토마토 축제
124	12	문화	저작자 : http://blog.naver.com/blue5221	독일-맥주 축제
128	12	문화	저작자 : Jonik (by creative commons)	브라질-리우 축제
128	12	문화	저작자 : Takeaway (by creative commons)	태국-송크란 축제
128	12	문화	저작자 : http://blog.naver.com/blue5221	이탈리아-베네치아 축제
129	12	문화	저작자 : flydime (by creative commons)	스페인-토마토 축제
136	13	문화	협조 : 환경관리공단	

집필진

조영미 연구책임자
부산대학교 언어교육원 한국어교육 코디네이터
부산대학교 일반대학원 한국어교육학 박사

김혜영 연구위원
부산대학교 언어교육원 한국어강사
부산대학교 일반대학원 한국어교육학 박사

김은정 연구위원
부산대학교 언어교육원 한국어강사
부산대학교 일반대학원 외국어로서의 한국어교육 박사수료

김민서 연구위원
부산대학교 언어교육원 한국어강사
가톨릭대학교 일반대학원 한국어교육학 석사

|중급|

친절한 한국어 4

초판 1쇄 발행 2008년 4월 30일
3판 2쇄 발행 2023년 2월 27일

지은이 부산대학교 언어교육원

표지·내지 디자인 배 영 미
내지 편집 박 지 현
일러스트 삽화 박 유 현

펴낸이 차 정 인
펴낸곳 부산대학교 출판문화원
등록 제1983-000001호 1983. 11. 10.
주소 부산광역시 금정구 부산대학로63번길 2
전화 (051) 510-1932, 1933, 1935, 1819
전송 (051) 512-7812
E-mail pnupress@pusan.ac.kr
홈페이지 http://press.pusan.ac.kr

값 19,000원

ISBN 978-89-7316-601-5 14710
978-89-7316-600-8 세트